Orar 15 dias com
Pierre Goursat
Fundador da Comunidade Emanuel

FRANCIS KOHN

Orar 15 dias com
PIERRE GOURSAT

Fundador da Comunidade Emanuel

SANTUÁRIO

DIREÇÃO EDITORIAL:
Pe. Fábio Evaristo R. Silva, C.Ss.R.

COPIDESQUE:
Ana Lúcia de Castro Leite

TRADUÇÃO:
Maria Martha Novaes dos Santos

REVISÃO:
Cristina Nunes

COORDENAÇÃO EDITORIAL:
Ana Lúcia de Castro Leite

DIAGRAMAÇÃO E CAPA:
Marcelo Tsutomu Inomata

Título original: *Prier 15 jours avec Pierre Goursat – Fondateur de la Communauté de l'Emmanuel*
© Nouvelle Cité, 2011
Domaine d'Arny
91680 Bruyères-le-Châtel
ISBN 9782853136556

Dados Internacionais de Catalogação na Publicação (CIP)
(Câmara Brasileira do Livro, SP, Brasil)

Kohn, Francis, 1949 –
　　　Orar 15 dias com Pierre Goursat: fundador da Comunidade Emanuel / Francis Kohn; [tradução Maria Martha Novaes dos Santos]. – Aparecida, SP: Editora Santuário, 2015. – (Coleção Orar 15 dias; 30)

　　　Título original: *Prier 15 jours avec Pierre Goursat: fondateur de la Communauté de l'Emmanuel*

　　　ISBN 978-85-369-0382-8

　　　1. Goursat, Pierre, 1914-1991 – Ensinamentos 2. Orações I. Título. II. Série.

15-06491 　　　　　　　　　　　　　　　　　　　　　　　CDD-242.2

Índices para catálogo sistemático:
1. Orações: Vida cristã: Cristianismo 242.2

1ª impressão

Todos os direitos em língua portuguesa
reservados à **EDITORA SANTUÁRIO** – 2015

Composição, CTcP, impressão e acabamento:
Editora Santuário - Rua Pe. Claro Monteiro, 342
12570-000 – Aparecida-SP – Tel. (12) 3104-2000

PREFÁCIO

A Comunidade cujo fundador não é conhecido. É dessa forma que muitos designam a Comunidade Emanuel. Implantada sobre os cinco continentes, ela conta atualmente com 9.000 membros, dentre os quais 225 padres, uma centena de seminaristas e vários bispos, e anima 70 paróquias e numerosas iniciativas apostólicas no mundo.

Quem é, então, esse fundador que sempre preferiu permanecer nos bastidores em vez de ocupar o centro da cena? *Orar 15 dias com Pierre Goursat* é ocasião de apresentar o itinerário humano e espiritual desse humilde leigo que era um homem de oração e de ação, um contemplativo e um evangelizador. Antes de fundar a Comunidade Emanuel, há mais de quarenta anos, Pierre Goursat viveu um longo período de preparação interior, trabalhou como crítico de cinema e encontrou personalidades das mais diversas.

Animado por grande caridade, ele era próximo aos pequenos e pobres. Abrasado por um ardente zelo missionário, procurou colocar em prática os meios adaptados a sua época para anunciar a todos a Boa-nova, com uma atenção toda particular para aqueles que não conheciam o Cristo ou estavam longe da Igreja. Com a criatividade e a liberdade dadas pelo Espírito Santo, Pierre Goursat suscitou, no seguimento do Concílio Vaticano II, uma nova geração de leigos e uma nova forma de ser aos padres diocesanos, engajados com as famílias e leigos consagrados ao serviço da Igreja e da sociedade.

Pierre Goursat escreveu pouco, apenas alguns artigos publicados na revista *"Il est vivant"* ("Ele está vivo"), da qual ele foi o fundador e o diretor de redação em seu início. Entretanto, ele falou em diferentes encontros da Renovação Carismática e, preocupado que era com a formação pastoral e espiritual de seus irmãos, membros da Comunidade Emanuel, deu-lhes numerosos ensinos e conferências.

Com humor e simplicidade, Pierre Goursat transmitia a seus ouvintes suas intuições e o fruto de sua experiência, comunicando-lhes a chama que o habitava. Com grande frequência, dirigia-se a pessoas às quais ele era próximo, falando-lhes num estilo coloquial, direto e muito familiar, estilo esse que desejamos conservar. As citações reproduzidas neste livro provêm de arquivos da Comunidade Emanuel (muitas vezes simplesmente chamada de "A Comunidade").

Esperamos que esta obra permita a um grande número de pessoas a descoberta de um caminho de vida cristã, profundamente espiritual e encarnado, acessível a todos, portador de uma mensagem atual e original, enraizada na tradição da Igreja.

PIERRE GOURSAT

(15 de agosto de 1914 – 25 de março de 1991)

Pierre Goursat nasceu em Paris, em 15 de agosto de 1914, dia da festa da Assunção da Virgem Maria. Seus pais, Victor Goursat e Marie Latapie, casaram-se em 1913. Eles tiveram dois filhos, Pierre e depois Bernard, seu irmão 11 meses mais novo. Victor era um artista e vivia sempre com grandes dificuldades financeiras. Era caricaturista, como seu irmão mais velho Georges, que se tornou célebre durante o período entre as duas guerras com o nome Sem.

Madame Goursat dirigia uma pensão familiar em Paris, na Rua Faubourg-Saint-Honoré. Seu marido deixou a casa familiar pouco tempo após seu casamento, então, com muita coragem, ela criou sozinha seus dois filhos. Ela lhes transmitiu sua fé, o gosto pela oração, seu amor pela Virgem e pelo Sagrado Coração. Pierre Goursat foi profundamente marcado pela separação de seus pais e pelas dificuldades de relacionamento com seu pai, de quem se aproximou alguns anos antes de sua morte, em 1964.

Pierre foi igualmente ferido pela morte súbita de seu irmão Bernard, aos 11 anos de idade, por causa de uma oclusão intestinal. Pierre guardou por toda a sua vida a dor dessa dilaceração. Essa experiência de sofrimento lhe deu uma grande compaixão pelos outros e grande proximidade com as pessoas em dificuldade.

Sua conversão aos 19 anos (1933)

Em sua infância, Pierre era tímido, discreto e reservado. No entanto, era esperto, inteligente e muito curioso. Fez seus estudos primários e secundários na Escola Santa Maria de Monceau, mantida pelos Marianistas. Com saúde frágil, conheceu muito jovem a provação da doença. Em 1933, aos 19 anos, Pierre faz uma viagem para o Plateau d'Assy a fim de tratar-se da tuberculose que sofria. Nessa época, aconteceu um fato decisivo, a origem de sua conversão. Sobre isso, ele falou a seus próximos:

> de repente, eu senti a presença de meu irmão com uma intensidade extraordinária. E é como se ele me dissesse: "Tu não pensas muito em mim. Isso é porque tu foste tomado pelo orgulho". É como se ele estivesse presente. Eu me coloquei de joelhos aos pés de minha cama, e quando eu me levantei, eu estava completamente transformado (T21).

Pierre deseja, então, viver para Deus.

Apaixonado por arte, história e arqueologia, Pierre desejava tornar-se curador de museu e estudou na Escola do Louvre e na Escola Prática de Estudos Avançados. Era um jovem homem, distinto e elegante, de temperamento artístico. Ele era independente, não conformista e amava brincar[2]. Seu humor escondia uma grande sensibilidade. Por toda a sua vida, foi magro, com poucas forças. Muitas vezes, recebeu o sacramento da *unção dos enfermos*.

---

[1] A lista das abreviações das fontes empregadas pelo autor para citar Pierre Goursat encontra-se ao final do livro.

[2] N.T.: fazer piada ou, então, ter bom humor.

Alguns lhe aconselharam a se orientar para o sacerdócio, no entanto, Pierre achava que não era chamado a se tornar padre. Ele deu assistência à sua mãe, gravemente doente, que morreu em 1941. Ele se dedicou durante alguns anos à pensão da família, mas a vendeu porque pressentiu que sua vocação era permanecer leigo para ser adorador e evangelizador no mundo. Ele encontrou um pequeno apartamento no presbitério vizinho da paróquia São Philippe-du-Roule, onde viveu sobriamente, rezando muito e acolhendo os pobres e marginalizados.

Pierre Goursat apaixonou-se pelo livro de Henri Godin e Yvan Daniel, *França, país de missão?*, publicado em 1943. Nesse mesmo ano, conheceu o cardeal Suhard, arcebispo de Paris, de 1940 a 1949, que se tornou seu conselheiro espiritual e recebeu sua promessa de castidade. Durante seus encontros, eles partilhavam sobre a descristianização da França. Pierre tinha uma grande admiração por esse homem da Igreja, animado pelo zelo missionário, que o confirma em sua vocação de apóstolo leigo.

Durante alguns anos, Pierre Goursat frequentou a Legião de Maria, que conheceu desde seu início na França, em 1940, e da qual apreciava os métodos missionários. Ele encontrou o padre Pichard, dominicano, que foi o primeiro padre a difundir a missa dominical na televisão francesa. Pierre estava convencido a respeito da importância dos meios de comunicação para tocar um maior número de pessoas.

Nos anos cinquenta, Pierre se ocupou de uma livraria católica, em Paris, e procurou difundir largamente a Bíblia Sagrada. Ele participava do mundo da cultura e se tornou membro do Comitê Diretor do Centro Católico de Intelectuais franceses. Ele se orientou, em seguida, para o cinema, no qual estabeleceu muitas relações com não crentes. Colaborou como crítico na *Revista Internacional do Cinema* e trabalhou com o padre Dewavrin no Círculo do Cinema francês, para o qual organizava festivais, galas e debates a respeito de filmes.

Em 1960, Pierre foi nomeado secretário geral do Escritório Católico Francês do Cinema, que estabelecia a cotação de todos os filmes lançados no cinema em função de seu valor moral. Durante esse período, Pierre continuou a seguir de perto a evolução da Igreja na França, preocupado com a grave crise que ela atravessava. Em 1970, ele deixou seu cargo no Escritório Católico Francês do Cinema, onde sua situação se tornou difícil.

A experiência da efusão do Espírito Santo (1972)

Pierre Goursat comprou uma velha embarcação (uma péniche) e a atracou na ponte de Neuilly a fim de acolher jovens envolvidos pela droga, que começava nessa época a destruir a juventude. Pierre sempre ajudou as pessoas em suas buscas espirituais e seguiu pessoalmente alguns jovens. Em novembro de 1971, entusiasmou-se com o testemunho de padre Régimbal, padre trinitário canadense de passagem por Paris, que lhe falou a respeito do início da Renovação Carismática em seu país. Pierre pressentia que algo importante estava acontecendo na Igreja Católica.

Por intermédio do padre Caffarel[3], Pierre Goursat conheceu Martine Laffite, uma jovem residente em medicina. Em 12 e 13 de fevereiro de 1972, eles se encontraram com cerca de trinta pessoas em Troussures e receberam a Efusão do Espírito Santo.

A Efusão do Espírito Santo é um passo que cada cristão pode fazer ao pedir a oração de *seus irmãos* para que o Espírito Santo reavive nele os dons recebidos no batismo. A maior parte daqueles que pedem esta oração de efusão do Espírito Santo muda radicalmente.

Pierre e Martine decidiram, então, encontrarem-se todos os dias para rezar juntos. Em maio daquele ano, convidam alguns jovens conhecidos para lhes falar sobre a Renovação Carismática. Um pequeno grupo de oração se constituiu com cinco pessoas; um ano mais tarde reuniria 500.

---

[3] N.T.: Padre Henri Caffarel é o Fundador das Equipes de Nossa Senhora.

A experiência da Efusão do Espírito Santo marcou uma segunda etapa decisiva na vida de Pierre Goursat que contava, então, com 58 anos. Se durante aproximadamente 40 anos sentiu-se solitário na doação a Deus e na evangelização da sociedade, encontrava-se daquele momento em diante cercado por um grande número de jovens. Sem que tivesse procurado, ganhou corpo em torno dele uma grande aventura que deu início à Comunidade Emanuel.

Em Pentecostes de 1973, formou-se em torno de Pierre e Martine um primeiro núcleo para coordenar grupos de oração do Emanuel que se multiplicavam rapidamente em Paris. Pierre Goursat percebeu que teria de assumir responsabilidades, hesitou longamente antes de aceitar porque se sentia indigno. Com grande sabedoria e docilidade ao Espírito Santo, assegurou o governo da Comunidade durante os primeiros anos em que a Renovação Carismática desenvolvia-se e inseria-se na Igreja Católica.

Pierre Goursat lançou uma revista de evangelização *Os cadernos da Renovação, Ele está vivo!* na primeira reunião das comunidades e grupos de oração franceses em Vezelay, no mês de julho de 1974. Teve a intuição de que convinha ir no ano seguinte para Paray-le-Monial, cidade onde – no século XVII – o Cristo revelou seu Coração ao Mundo. Em julho de 1975, as principais comunidades carismáticas animaram juntas duas sessões nesse santuário, na época, em fase de grande declínio. Desde então, em todos os verões, a Comunidade Emanuel organiza em Paray-le-Monial muitas sessões de oração e formação, reunindo milhares de pessoas, de todas as gerações.

A vida comunitária tomou forma a partir de 1974, quando Pierre Goursat instalou-se na paróquia da Cidade Universitária, em Gentilly, com alguns jovens rapazes que pensavam no sacerdócio. Essa primeira *maisonnée*[4] *residencial* cresceu e se transferiu para a

---

[4] N.T.: poderia ser traduzido por *casinha*, mas no Brasil costuma-se usar o termo em francês, com exceção das cidades de Salvador e Porto Alegre, que usam o termo utilizado em Portugal que é *fraternidade*. Trata-se de um termo de origem bíblica que remonta à *Igreja Doméstica*.

Rua Gay-Lussac, em Paris, na casa das Irmãs de Adoração reparadora, em 1975.

Na Comunidade Emanuel, chamamos de *maisonnée* a um pequeno grupo de pessoas que se encontram semanalmente para rezar juntas e para partilhar suas vidas. As *maisonées* são residenciais quando os membros residem juntos sob o mesmo teto.

Em 1º de outubro, Pierre reuniu alguns jovens nos quais percebeu um apelo à doação da vida de forma mais radical ao serviço da missão. Começou, assim, a Fraternidade de Jesus, que rapidamente se desenvolveu no coração da Comunidade Emanuel.

O verão de 1976 marca uma etapa importante: Pierre Goursat organizou duas viagens aos Estados Unidos para visitar as comunidades carismáticas americanas. No retorno, em setembro, ele propôs a umas quarenta pessoas com desejo mais forte de ter uma vida comunitária encontrarem-se todas as noites, durante quinze dias, para um retiro. A partir daí a vida interna da Comunidade Emanuel organizou-se em torno de *maisonnées* e de finais de semana para formação mensal. Os primeiros engajamentos aconteceram em 18 de junho de 1977, em Chevilly-la-Rue, na casa dos Padres Espiritanos.

Pierre mudou-se para a *Péniche* (embarcação) com seus colaboradores mais próximos em 1978. Ele passava longas horas rezando diante do Santíssimo Sacramento. Apesar de sua saúde precária, ele trabalhava com um zelo incansável pelo desenvolvimento da Comunidade e recebia um grande número de pessoas que vinham a ele para pedir-lhe conselhos.

Os anos que se seguiram constituíram um período de extensão para a Comunidade, com a criação de novas províncias na França e em diversos países. Diferentes fundações apostólicas, inspiradas por Pierre Goursat, emergiram alguns anos depois. Ele acolhia alegremente numerosos casais, vocações ao sacerdócio e à vida consagrada que floresciam no Emanuel. Em 8 de dezembro de 1982, o cardeal Lustiger, arcebispo de Paris, aprovou os estatutos da Comunidade Emanuel como Associação de Fiéis.

Os últimos anos de sua vida (1985-1991)

Hospitalizado por causa de um infarto no miocárdio no final do verão de 1985, Pierre Goursat decidiu retirar-se do governo da Comunidade. Começou, então, para Pierre a última etapa de sua vida: a do desaparecimento total no silêncio e na oração. Ele se entregou nas mãos do Senhor e viveu um empobrecimento físico progressivo, mas continuava a receber pessoas, a participar da Eucaristia e a adorar longamente, preparando-se para o *face a face* final com Deus.

Pierre Goursat partiu como viveu, numa grande discrição. Ele morreu na *Péniche*, na manhã de 25 de março de 1991, festa da Anunciação, que era também a Segunda-Feira Santa. Suas exéquias foram celebradas pelo cardeal Lustiger, na Paróquia da Santíssima Trindade[5], no dia 27 de março, na presença de muitos bispos, entre eles dom Albert de Monléon, que fez a homilia, e também nu-

---
[5] N.T.: paróquia em Paris. Foi a primeira paróquia confiada a um padre da Comunidade Emanuel.

merosos padres. A Igreja estava cheia. Ela estava em fase de restauração, cheia de andaimes, símbolo da Igreja em reconstrução pela qual Pierre deu sua vida. Pierre Goursat foi enterrado no dia seguinte, Quinta-Feira Santa, em Paray-le-Monial.

No dia 7 de fevereiro de 2010, a causa da canonização do Servidor de Deus Pierre Goursat foi introduzida na Arquidiocese de Paris.

Primeiro dia

BUSCAR A HUMILDADE

> O essencial não é escolher nossa estrada, mas seguir a estrada que o Senhor nos indica, pois Ele é o Caminho, a Verdade e a Vida (cf. Jo 14,6). Então, isso é a humildade. A humildade é a verdade. Ser verdadeiro é tomar o caminho que o Senhor nos dá (E023).

A tomada de consciência de seu orgulho foi para Pierre Goursat, aos 19 anos, a origem de uma profunda transformação interior que orientou todo o resto de sua existência. Nessa época, ele estava dividido entre um forte desejo espiritual e um desejo de realização humana. Ele compreendeu que todos os seus desejos, seus projetos, deviam ser ordenados de acordo com a vontade de Deus: a partir desse momento, o caminho da humildade impôs-se a ele como prioritário e ele decidiu ser um adorador.

Cada um de nós tem em si essa sede do absoluto, da radicalidade, que só pode ser saciada por aquele que nos criou à sua imagem e semelhança. Quando percebemos que Deus é o Criador, o mestre do universo e de nossa existência, percebemos sua infinita grandeza e o abismo imenso que nos separa dele. Deus se revela ao homem, sua criatura, como o *Totalmente – Outro*, o *Santo* (palavra que significa primeiramente *separado*, na Bíblia). Depois do pecado original, a vontade de independência é a tentação permanente do ser humano que o impulsiona a realizar-se e a desabrochar por si mesmo.

A primeira etapa de toda conversão é reconhecer que nós só existimos por causa do amor de Deus. E dependemos totalmente dele; só possuímos aquilo que recebemos dele. Progredir na vida de santificação consiste em deixar a ação divina desenvolver-se em nós, aceitando depender totalmente do Senhor. O primeiro fruto da conversão é precisamente a humildade, que aviva em nós o sentido da transcendência de Deus e nos leva a abaixar-nos totalmente diante dele.

Para exprimir esse movimento de conversão, os textos da Escritura utilizam dois termos: *teshouva*, que, em hebraico, significa *retornar* ou *retorno*, e *metanoia*, que, em grego, exprime uma transformação radical do ser e do julgamento. A conversão implica, portanto, uma mudança de direção, a vontade de nos desviar de nossas más inclinações e de nos orientarmos para o Senhor. Ela é uma graça de Deus, um fruto de sua Misericórdia; ele abre nosso coração a seu amor e nos torna capazes de acolher sua luz.

A conversão suscita o arrependimento e nos permite lamentar nossos pecados, ajuda-nos a identificar as ligações que nos prejudicam e as relações más que nos aprisionam ao mal. Cresce, assim, em nós, o desejo de mudar, de colocar o Senhor como prioridade em nossa vida, *de amá-lo com todo o nosso coração e com todas as nossas forças* (cf. Dt 6,4).

Deus tem um amor de predileção pelos humildes: "aquele sobre quem eu coloco os olhos é o pobre e o humilde" (Is 66,2). A humildade (do latim *humilis*, significa *pequeno*, *baixo*, *servil*) nos situa em verdade em relação a Deus que é a plenitude do ser e a infinita perfeição do bem. Inspirado em Teresa D'Ávila e Teresa de Lisieux (Teresinha), Pierre Goursat dizia frequentemente: "*a humildade é a verdade*". De fato, a humildade abre-nos aos desígnios de Deus e torna-nos dóceis às exigências da graça.

Pierre desejava buscar a vontade de Deus e realizá-la. Ele considerava a humildade como a rainha das virtudes. Todos os santos consideravam a humildade como a medida da santidade, "o fundamento mais sólido do edifício espiritual" (Cassiano), "a mestra e a mãe de todas as virtudes" (São Gregório Magno). São João Maria Vianney, o Cura D'Ars dizia: "A humildade é para as outras virtudes o que a corrente é no terço. Se tirarmos a corrente, todas as contas caem. Remova a humildade, e todas as virtudes desaparecem".

A humildade não é natural ao ser humano; ela é fruto de uma longa aprendizagem. Pierre Goursat era muito atento ao combate das tentações do orgulho e aproveitava todas as situações da vida cotidiana para adquirir a humildade:

isso pede um ato de humildade, é verdade. É uma questão de hábito. Trata-se de uma segunda natureza. E, depois, nós adquirimos o hábito. E vocês farão atos humildes. Quanto mais se realizarem atos de humildade, mais se conseguirá a humildade (E027).

Pierre amava dar exemplos concretos, os quais ele comentava com humor:

alguns monges do deserto se queixavam de muito calor e que os roncos eram barulhentos: eles nos impedem de dormir, diziam. Mas os padres diziam também: tudo convém àquele que é humilde. Aquele que é humilde não escuta os roncos, nem considera jamais que faz muito calor. Está tudo bem. Ele está sempre contente (E062).

A aceitação das contrariedades, das falhas e das contradições é uma boa escola de humildade. Referindo-se a Santa Bernadete, Pierre Goursat dizia:

são necessárias muitas humilhações para ter um pouco de humildade. Às vezes, é um pouco menos de humilhações e muito mais de humildade; isso depende de uns e de outros, mas de fato é este o tesouro (E043).

Pierre tinha forte personalidade, um espírito de independência particularmente desenvolvido. Ele sabia por experiência que renunciar a seu amor-próprio, à vaidade, à vontade de poder, exige de nossa parte uma ascese permanente:

> para adquirir a humildade, é necessário ter atos de humildade. Para ter atos de humildade, frequentemente há humilhações. Então, nosso amor-próprio recebe um bom golpe. É necessário começar por pequenas coisas! (E046).

Seria, portanto, presunçoso procurar a humildade contando com suas próprias forças, sem privilegiar a ação da graça.

A humildade implica nossa inteligência, mas principalmente a adesão de nosso coração. Ela suscita em nós, a exemplo da Virgem Maria, a gratidão para com Deus: "minha alma exalta o Senhor, e meu espírito exulta de alegria em Deus, meu salvador, porque ele olhou para a humilhação de sua serva" (cf. Lc 1,46-47).

Pierre Goursat evitava olhar-se numa estéril procura de si. A humildade desvia o olhar de nós mesmos e orienta-o para nosso Pai "que é rico em misericórdia" (cf. Ef 2,4). Ela cresce em nós na medida em que contemplamos o abaixamento radical do Filho de Deus que assume nossa humanidade e aceita ser humilhado até dar sua vida por nós sobre a cruz (cf. Fl 2,6-11).

Nossa natureza humana abandona, então, sua tendência ao orgulho para entrar no movimento da graça que se abaixa. E o ser encontra-se profundamente tocado, arrependido, convertido; atraído por esse poder de amor que o habita, ele é impulsionado a adorar a Deus: "a graça da adoração dá uma graça de união e pobreza. Nós compreendemos o que é a verdadeira pobreza" (E024). A adoração verdadeira, percebe-se, só é possível pela humildade, que é a porta de entrada: "O fruto da humildade é o temor de Deus" (Pr 22,4).

Segundo dia

ACEITAR NOSSA POBREZA

> E entendemos bem que o essencial é a humildade, a pobreza, o reconhecimento da própria miséria (E023).

A humildade nos situa em nosso justo lugar diante de Deus e nos estabelece igualmente na verdade em relação a nós mesmos. Depois de sua conversão em 1933, a efusão do Espírito Santo em 1972 constituiu uma segunda etapa decisiva no itinerário espiritual de Pierre Goursat: ela permitiu-lhe viver mais ainda no reconhecimento de sua miséria. Um dos participantes do encontro em Troussures contou que, antes de receber a efusão do Espírito, Pierre Goursat estava sentado na última fila "aberto e silencioso, com uma grande atenção, entregando-se ao Espírito Santo como um pobre e um pequeno" (K135).

Pierre aceitava suas fraquezas, tanto no plano físico como no espiritual. Mesmo que ele tivesse qualidades reconhecidas por todos, sua atitude não manifestava uma falsa humildade. A justa estima de si consiste em reconhecer seus limites, sem, no entanto, desvalorizar-se, denegrir-se: "Não tenha de si mesmo uma estima mais elevada do que convém, mas uma justa estima" (Rm 12,3). A humildade nos revela as qualidades e os dons que recebemos, protegendo-nos do orgulho, da ilusão que nos faria crer que somos *gente de bem*. Ilusão que nos faria pensar que poderíamos chegar à perfeição por nossos próprios esforços.

Pierre tinha consciência de sua pobreza humana, mas estava convencido de que suas fraquezas não eram obstáculos, pois Deus tinha preferência pelos pobres: "Ele levanta o pobre de sua miséria" (Sl 106,41). Após muito hesitar, Pierre aceitou a responsabilidade da Comunidade Emanuel:

> afinal, o Senhor escolheu um pobre sujeito, ele sabe o que faz. Sim, eu pensava que o Senhor agiu assim porque eu era um pobre. Que sendo

eu de tal forma um pobre sujeito, as pessoas se dariam conta de que não era eu, mas o Senhor quem agia. Então, assim, eu estava bem tranquilo (E081).

Confiando no poder de Deus que se desdobra em nossa fraqueza (cf. 2Cor 12,9-10), Pierre acrescentava: "é por isso que tomei assento atrás do rebanho. E a graça do Senhor avançou mais e mais" (E081).

Pierre vivia intensamente a primeira das bem-aventuranças que resume todas as outras: "feliz aquele que tem espírito de pobre" (Mt 5,3). Depois de meditar um versículo de Isaías (Is 41,14), Pierre exclamou alegremente: "sim, eu sou um pobre verme, mas eu não tenho medo". Muito lúcido em relação a ele mesmo, repetia frequentemente a seus próximos: "enquanto não percebemos que somos pobres sujeitos, não compreendemos nada". Dirigindo-se aos jovens, ele dizia:

> nosso coração não é grande coisa; ao menos não o meu. E não somos capazes de mudar porque somos pobres. Somos pobres sujeitos, mas, se pedimos ao Senhor para mudar nosso coração – isso é possível apenas para Ele

– pouco a pouco, Ele nos transforma e nos muda e coloca uma caridade muito grande em nosso coração (E059).

Pierre Goursat procurava sempre se abaixar diante de Deus e a desaparecer diante dos outros: "Aquele que se eleva será abaixado, mas aquele que se abaixa será elevado" (Lc 18,14). Ele se recusava a se colocar na frente, em ser valorizado. Ele não queria que o tratássemos como uma pessoa importante. Ele era discreto, com uma grande simplicidade, e não se comportava como um *líder* e ainda menos como um "guru".

Pierre tinha dificuldades de dicção quando era jovem e sua pronúncia foi sempre difícil. Não era um orador que procurava impressionar seu auditório com discursos brilhantes. Quando ele falava em público, às vezes, acentuava seus defeitos para bem mostrar que ele era apenas um instrumento na obra que Deus realizava por meio dele. Ele se considerava um simples canal da graça: "aquele que quiser se tornar grande entre vós, que seja vosso servidor" (Mc 10,43).

A humildade nos ensina o desapego em relação a nós mesmos, mas também em relação ao olhar dos outros. Pierre Goursat tinha uma grande distinção natural. Em sua juventude, era muito atento à sua maneira de se vestir. Mais tarde, ele não se preocupou mais com sua aparência exterior. Muitas pessoas contam como, ao participar pela primeira vez de um grupo de oração, ou uma sessão em Paray-le-Monial, elas tinham notado um velho senhor, malvestido, utilizando um grosso casaco usado e um cachecol de lã. Elas ficaram muito surpresas quando descobriram que esse homem não era um pobre ou um marginal de passagem, mas o responsável da Comunidade Emanuel.

Pierre Goursat era profundamente desapegado de sua *imagem* e do *que iam dizer*, porque ele não procurava obedecer aos homens, mas a Cristo que nos dá a liberdade de filhos de Deus: "Porque onde está o Espírito do Senhor, lá está a liberdade" (2Cor 3,17). Ele mostrava grande liberdade interior em todas as circunstâncias, muitas vezes colocando seus irmãos de comunidade em uma situação bastante desconcertante! Ele procurava ajudá-los a não se preocuparem com o que os outros poderiam pensar deles. Pierre não se levava a sério e não gostava que nós nos levássemos a sério. E quando ele tinha pessoas um pouco arrogantes diante de si, não hesitava em fazer caretas, ou palhaçadas para desanuviar a atmosfera! Seu não conformismo e seu humor eram a expressão habitual de sua humildade.

As duas palavras *humor* e *humildade* provêm da mesma raiz latina *"humus"* que significa *terra*. Diferentemente da ironia que pode ferir, o humor suscita a simpatia. Ela relativiza as dificuldades, manifesta certa distância em relação aos eventos e a si mesmo. O humor não deve estar ausente da vida cristã; ele se enraíza na confiança em Deus e nutre-se da consciência de sua pobreza. Pierre Goursat era *espiritual* (nos diferentes sentidos do termo), mas ele também tinha muito o *pé no chão* e era pragmático. Ele se interessava pela vida concreta das pessoas, encorajava cada um a desenvolver seus talentos pessoais, sempre sublinhando a importância de reconhecer sua pobreza humana.

Deus precisa que lhe deixemos todo o espaço para agir e nos transformar, para nos preencher de sua presença: "Jesus Cristo, sendo rico, fez-se pobre por vós, a fim de vos enriquecer com sua pobreza" (2Cor 8,9). Para receber o Espírito Santo que opera em nós naquilo em que nós não podemos realizar por nós mesmos, é necessário ter um coração de pobre, uma alma de desejo:

> nós somos pobres sujeitos. Quanto mais somos pobres sujeitos, mais é maravilhoso. Porque isso nos dá a humildade, isso nos humilha e é somente na humildade (...) que recebemos o Espírito Santo (E043).

Terceiro dia

ABRIR-SE AO ESPÍRITO SANTO

> Antes, pensávamos: "ó, Jesus, eu gostaria muito de ir a ti". Depois, caímos todo o tempo. Isso me aconteceu até um dia, quando eu disse: "ah, se tu pudesses nos enviar o Espírito Santo". E eu enfim compreendi que se eu não podia avançar, é porque eu não pedia o outro Consolador, o advogado, o conselheiro para me ajudar. Eu compreendi que o Espírito Santo é o santificador (cf. Jo 14, 16-19. E02).

Aproximadamente 40 anos se passaram entre a conversão de Pierre Goursat e a Efusão do Espírito Santo recebida em 1972, aos 58 anos. Durante esse longo período de preparação interior, ele se consagrou à oração e à evangelização, mas tinha o sentimento de não progredir. A efusão do Espírito Santo constituiu para ele uma etapa decisiva que transformou sua vida pessoal e dá frutos abundantes para a Igreja. Pierre testemunha que o Espírito Santo o pegou e realizou o que ele não tinha conseguido por si mesmo:

> eu me dei conta de que eu havia tentado 40 anos e que jamais havia alcançado. Então, no momento que eu me disse: "eu não posso mais, eu não conseguirei jamais", então tudo começou a acontecer. Então vocês todos têm uma chance (E023).

Ao tomar consciência de uma aceleração repentina da história da graça em sua vida, ele dizia que tinha a impressão de ter sido embarcado num carro de *Fórmula 1* que avançava em excesso de velocidade. E que a única coisa que tinha de fazer era se agachar atrás do piloto...

Para numerosos cristãos, o Espírito Santo é *o grande desconhecido*. Pierre Goursat via na Renovação Carismática o cumprimento da oração feita por João XXIII para que o Concílio Vaticano II suscitasse um *novo Pentecostes* na Igreja e no mundo:

> é verdadeiramente um novo Pentecostes. Os católicos rezaram por esse novo Pentecostes, e quando ele chegou, ficaram todos espantados. Então é necessário que mudemos, e é o

Espírito Santo quem vai nos mudar. Ele espera apenas isso (E002).

Com efeito, a efusão do Espírito Santo é como um *Pentecostes pessoal* que reaviva em nós as graças recebidas no batismo e na confirmação (crisma). Seu primeiro efeito é uma renovação interior que nos estabelece numa relação pessoal com o Cristo Ressuscitado. Permite-nos compreender o Mistério da Salvação, não de uma maneira abstrata e teórica, mas em profundidade.

Nossa fé torna-se, então, viva e comunicativa. A Efusão do Espírito Santo desperta também uma alegria nova que se exprime pelo louvor, pela sede de oração e pela leitura da palavra de Deus na qual experimentamos um novo sabor. Ela nos dá uma força que nos impulsiona a testemunhar e a evangelizar com audácia.

O cardeal Suenens, um dos moderadores do Concílio Vaticano II, afirmava que a Renovação Carismática – acompanhada por ele a pedido de Paulo VI e João Paulo II – não era um *movimento*, mas uma *corrente* chamada a irrigar e renovar a vida de toda a Igreja. E que a efusão do Espírito Santo é a experiência a que cada batizado é chamado a fazer para tornar-se um "cristão normal".

Pierre Goursat amava citar São Serafim de Sarov para quem o objetivo da vida cristã era *a aquisição do Espírito Santo*. O termo *adquirir* é para ser compreendido no sentido de *acolher*, pois não se obtém o Espírito Santo por meio de uma busca voluntarista. Ele é dado àqueles que o desejam ardentemente e dispõem-se a recebê-lo, de coração aberto, numa atitude de pobreza: Se vocês que são malvados, sabem dar boas coisas a vossos filhos, quanto mais o Pai do Céu dará o Espírito Santo àqueles que lhe pedirem! (Lc 11,13). Pierre afirmava: "Esta é a única oração em que estamos certos de que seremos escutados. Se pedirmos o Espírito Santo para vir, ele virá e nos transformará" (E068).

O Espírito Santo é o *dom* não criado e eterno que as pessoas divinas trocam na intimidade da vida trinitária. Espírito de Amor do Pai e do Filho, ele é o dom que nos foi prometido: "E eis que eu vos enviarei sobre vós aquilo que meu Pai prometeu" (Lc 24,49). É próprio de o Espírito Santo ser *doador e ser Dom* (São Tomás de Aquino, Suma Teológica, I, q. 38 a. 1).

Ele é a origem de todos os outros dons que Deus concede a suas criaturas: "o amor de Deus foi derramado em nossos corações pelo Espírito Santo que nos foi dado" (Rm 5,5). Pierre Goursat comparava o Espírito Santo a um magnífico presente que nós recebemos, mas que não ousamos utilizar por medo de danificá-lo:

> agora o Espírito Santo vem, então devemos nos servir dele! O Espírito Santo, nós o temos teoricamente, mas praticamente não nos servimos de sua presença. É um belo presente que nos foi dado.

E ele acrescentava com humor:

> dizemos: "Ele é bom", mas o colocamos no armário, como vasos, e dizemos: "nós o utilizaremos nas grandes ocasiões". Como o serviço à mesa[6] nas grandes ocasiões. Pensamos que se nós o utilizarmos todo o tempo, nós vamos quebrá-lo.

---

[6] N.T.: trata-se de uma prática extremamente francesa: nas refeições, sobretudo nas formais, há sempre uma pessoa que serve, pois as pessoas comem um prato de cada vez (entrada, principal etc.).

> É necessário empregar o Espírito Santo todo o tempo! Todo o tempo, todo o tempo. E depois, vocês não poderão ficar sem (E012).

O Espírito Santo é *o Conselheiro, dom do Deus Altíssimo* que nos abre à fé e nos une ao Pai e ao Filho: o Senhor nos torna participantes da vida divina, e é o Espírito Santo que está aqui para realizar isso em nós (M 22). Aprendamos a acolhê-lo como *o hóspede de nossa alma*, o *Mestre interior*, guia de nossas vidas.

Pierre Goursat lembrava que o Espírito Santo agia sempre com muita discrição, sem nunca se impor:

> o Santo Espírito é excessivamente delicado. Ele bate mansamente à porta; e se nós estamos ocupados, e não o atendemos, ele diz: "Eu vim, mas não me abriram". Então uma vez, duas vezes, três vezes, tudo bem; mas ele é muito educado, e diz: "desculpe-me, eu voltarei". Finalmente, ao pensar que é indesejável, ele vai para outro lugar (E012).

A efusão do Espírito Santo vem despertar em nós os dons do Santo Espírito recebidos em nosso batismo, que nos colocam em contato com Deus e nos tornam dóceis a obedecer com prontidão às inspirações divinas. Ele permite que nos apropriemos, por uma intuição profunda, daquilo que nossa razão humana pode apenas entrever fragilmente, ao preço de muitos esforços.

Toda a sua vida, Pierre Goursat procurou escutar o Espírito Santo e deixar-se conduzir por ele. Rezava durante longas horas diante do tabernáculo, e abria-se às *moções do Espírito* que guiava sua ação e dava origem a numerosas iniciativas apostólicas. Para todos os cristãos, o essencial é a vida no Espírito. Acolhamos o Espírito Santo e rezemos para que nos tornemos seus dóceis instrumentos. "Deixem-se levar pelo Espírito! Pois o Espírito é nossa vida! Que o Espírito nos faça também agir" (Gl 5,16.25).

Quarto dia

REZAR PARA VIVER EM UNIÃO COM DEUS

Rezar é amar Jesus. É conceder-lhe um diálogo. Poderíamos pensar que é Ele que nos concede uma entrevista. Não é bem assim. Ele está todo o tempo aqui, esperando-nos dia e noite, Ele não se cansa e somos nós que não o recebemos. Então, quando nós o aceitamos, vocês não imaginam sua alegria, e como nós somos bem recebidos (M02).

A oração pessoal é um encontro de amor com Jesus. Pierre Goursat descobriu sua importância primordial por ocasião de sua conversão. Desde então, de seu tempo cotidiano de oração, necessário para ele, tirava suas forças físicas e seu ardor apostólico. No meio de suas atividades profissionais, ele provava a necessidade imperiosa de encontrar seu Senhor na solidão. A oração era o lugar onde Pierre repousava em Deus, expunha-se em sua presença vivificante e se plenificava desse oxigênio indispensável à vida espiritual. A efusão do Espírito intensificou ainda mais sua sede de oração. Ele não podia mais nada sem ela, apesar das inúmeras solicitações que o monopolizavam:

> eu tenho uma necessidade física de oração, caso contrário eu me asfixio e eu me torno triste. Desde que eu me remeto a Deus por meio dela, a alegria, a paz e a luz retornam. Mas vejo agora que não é apenas um tempo de oração (que me é necessário): devo permanecer continuamente com Jesus (L008).

A fecundidade espiritual e missionária de Pierre Goursat encontrou sua fonte nesses longos tempos que passava em oração, de dia e de noite. A oração é a face escondida de toda existência entregue a Deus e aos homens.

A oração não é uma opção, mas uma prioridade da vida cristã. Ter tempo prolongado de recolhimento, em silêncio, é uma necessidade vital. Nossa relação com o Cristo fortifica-se dia após dia na oração pessoal. Pierre exortava cada um a procurar tempo para Deus, a rezar longamente para não se afundar no ativismo: "o que é muito importante é a oração pessoal. Se vocês não podem rezar meia hora por dia, vocês estão condenados, vocês estão completamente condenados" (E023).

Pierre convidava seus próximos a não faltarem por nada a esse encontro essencial do dia e, para isso, sugeria anotar antes na agenda. Mas como disponibilizar tempo para Deus em nosso emprego de tempo frequentemente sobrecarregado? Quando fazíamos essa objeção, Pierre Goursat replicava que "rezar, não é perder tempo, mas ganhar!" Ele aconselhava a cada um examinar com atenção suas atividades para suprimir aquelas que eram inúteis, retomando o que Francisco de Sales respondeu a um bispo que era muito ocupado para rezar uma hora: "ah! bom, então reze duas horas".

Por que a oração é indispensável? Porque ela nos coloca na presença de Deus que deseja se revelar. É um lugar de troca e de comunhão, onde nós apresentamos a Deus nossa vida e colocamo-nos à sua escuta para tornarmo-nos disponíveis ao seu chamado. A oração abre-nos à ação da graça santificante; ela reforça nossa relação pessoal com o Cristo, estabelece-nos numa familiaridade, numa intimidade particular com ele. Por nossa fidelidade, manifestamos ao Cristo nosso compromisso, nosso amor e nossa determinação em segui-lo.

Pierre insistia a respeito de que a oração permite-nos entrar numa verdadeira amizade com Cristo: "Eu não vos chamo mais servidores, mas chamo-vos amigos, porque tudo o que eu aprendi de meu Pai, fiz-vos conhecer" (Jo 15,15). Pierre Goursat amava meditar o capítulo 15 de João: "Permaneçam em mim como eu em vós... Aquele que permanece em mim, e eu nele, este dará muitos frutos, pois sem mim não podeis fazer nada" (Jo 15,4-5).

Comentando esses versículos, ele dizia: "o segredo é permanecer em seu amor. Ele nos pede: 'Permaneçam'. É uma ordem, é um conselho. Isso é essencial!" (E031) Pierre sabia que sem a oração, ele não podia nada: "eu amo muito isso 'sem mim vós não podeis fazer nada', porque é magnífico, é radical, (sem Ele) não podemos fazer nada. Assim não se deve ficar preocupado, mas se diz que nada se pode fazer! É necessário tudo pedir ao Senhor" (E043).

Para Pierre Goursat, a oração não era uma atitude formal, estática. Ela consistia em permanecer em silêncio sob o olhar de Deus, unido ao Cristo, quer seja acomodado em seu leito, contemplando seu longo crucifixo, ou ajoelhado na capela diante do tabernáculo: "o objetivo, o importante, é a união com Deus" (E025). Ele praticava as diferentes formas de oração: a meditação, o louvor, a adoração Eucarística e a intercessão. Para ele, o importante era contemplar Jesus em todas as circunstâncias, reconhecer sua presença tanto no Santíssimo Sacramento exposto como na pessoa que vinha lhe pedir um conselho:

> o objetivo é chegar à oração contínua, mas não é mole. Os amorosos fazem seu trabalho, mas eles pensam todo o tempo no outro, sem parar. Bom, nós somos enamorados7 de Jesus. E,

---

[7] N.T.: aqui a expressão poderia ser traduzida: "nós somos amantes de Jesus, no sentido de 'nós amamos Jesus'".

> pouco a pouco, pensamos nele todo o tempo. Então onde quer que estejamos, rezamos o terço ou louvamos. E isso é uma alegria contínua (E023).

Retomando a exortação do apóstolo São Paulo (1Ts 5,16), Pierre dizia: "portanto, é necessário rezar, rezar sem cessar, vocês sabem bem, o segredo é o fazer..." (E008). Ele procurava viver *a oração do coração,* esta joia da espiritualidade ortodoxa, que se tornou célebre pelo livro *Relatos de um Peregrino Russo*:

> a oração do coração é verdadeiramente este fogo, este fogo de amor que queima. Trata-se de um fogo que é dado e, assim, sem dificuldade, chegamos a orar sem restrições (E031).

A oração é fonte de graças, mas é também um combate: primeiramente para ser fiel em lhe reservar um tempo cotidiano, e também para manter nosso espírito disponível e concentrado no Senhor durante a hora em que nos consagramos a Ele. Arriscamo-nos a nos desencorajar quando experimentamos a aridez ou as distrações que nos assaltam. Pierre Goursat sublinhava a importância de nutrir a oração com leituras espirituais e a meditação da Escritura:

> um dia, todas as palavras ouvidas cem vezes produzem bruscamente um efeito perturbador em mim. As Palavras de Jesus são palavras de vida (M02).

Ele encorajava aqueles que tinham dificuldade de rezar para fazerem oração com outros irmãos, a fim de estimularem-se mutuamente: "É necessário crer no poder extraordinário da oração que nós fazemos juntos na fé. Porque é com a fé que o mundo se transforma. É uma força imensa" (E056).

A oração não nos afasta do mundo, mas antes nos aproxima dele. Ela abre nosso coração a todas as aflições humanas que nós trazemos para intercedermos, em união com Jesus sobre a cruz:

> quando estamos com Jesus que sofre, nós sofremos também! E não nos sentimos na aridez! (E031).

Quinto dia

CONTEMPLAR O EMANUEL, *DEUS CONOSCO*

> É verdadeiramente esta a graça do Emanuel, daquele que nasceu na manjedoura, pequenino e humilde; verdadeiramente ele nos pede que nos despojemos de tudo, para estarmos nesta pobreza. É isso que ele nos pede. Quando formos totalmente pobres, seremos ricos unicamente dele, e teremos tudo (E011).

O primeiro grupo de oração de Saint-Sulpice[8], em Paris, cresceu tão rapidamente que um segundo grupo foi criado na casa das Irmãs da Assunção, em janeiro de 1973. Para manifestar a unidade espiritual entre esses dois grupos de oração, pedimos ao Senhor um nome. O nome de *Emanuel* se impôs logo

---

[8] N.T.: trata-se de uma paróquia parisiense dedicada a São Sulpício.

que muitas pessoas, sem se consultarem, receberam em oração dois textos da escritura que são convergentes: "Eis que a jovem conceberá e dará a luz a um filho e ela lhe porá o nome de Emanuel" (Is 7,14) e "Eis que a Virgem conceberá e dará a luz a um filho, e o chamará pelo nome de Emanuel, que se traduz por: 'Deus conosco'" (Mt 1,23). Pierre Goursat alegrou-se em acolher este nome, *Emanuel*, que resumia a vocação da comunidade nascente.

O *Emanuel*, que significa *Deus conosco* em hebraico, é Deus presente no meio de seu povo, que caminha com ele (cf. Êx 13,21; 34,9) e combate a seu lado: "É o Senhor, com efeito, que caminha à vossa frente e em vossa retaguarda, é o Deus de Israel" (Is 52,12). O Deus Santo de Israel habita no seio do povo que ele escolheu para fazer conhecer seu Nome em todas as nações, manifestando, assim, a Aliança concluída com Ele: "Eu estabelecerei minha morada no meio de vós... Eu viverei no meio de vós, eu serei vosso Deus e vós sereis o meu povo" (Lv 26,11-12; cf. Êx 29,45-46).

O *Emanuel* é igualmente Deus que, por sua encarnação, fez-se próximo aos homens. É na maior pobreza que o Rei do Universo vem ao mundo. Ele não nasceu no luxo de uma morada suntuosa, mas sobre a palha de um estábulo. O Filho de Deus vem no meio de nós despojando-se de sua glória divina (cf. Fl 2,7) para revelá-la aos homens: "E o Verbo se fez carne e habitou entre nós, e nós vimos sua glória, a glória que o filho único recebe de seu Pai, cheio de graça e de verdade" (Jo 1,14).

A vocação da Comunidade Emanuel é a graça do Natal: a pobreza, mas também a grande alegria de anunciar aos homens que acompanham o nascimento do Salvador (cf. Lc 2,10). Após terem visto a pequena criança na manjedoura, os pastores partem *glorificando e louvando a Deus* (Lc 2,20). Entretanto, essa alegria está marcada pela gravidade, pois a sombra da cruz já está presente sobre a manjedoura onde repousa o recém-nascido de Belém que vem salvar a humanidade assumindo sobre si o pecado do mundo.

Consciente de que Deus havia suscitado a Comunidade Emanuel por pura graça, Pierre Goursat não se considerou como "o fundador": *como toda graça, é um dom de Deus* (E058). Quando a Comunidade precisou se organizar e estabeleceu certo número de atividades necessárias a seu governo, a formação de seus membros e a evangelização, Pierre quis que essas estruturas permanecessem leves e flexíveis tanto quanto fosse possível. Pois ele sabia por experiência que, em todo grupo que se desenvolve, há a tendência de se institucionalizar e surge a tentação de se *instalar* em certo comodismo, em uma rotina: "[a Comunidade Emanuel] não é um movimento, não é uma organização, é qualquer coisa de aprofundamento espiritual. Isso vem do Espírito..." (E011).

Ao receber o nome de *Emanuel*, a Comunidade assumiu sua significação. Sua vocação é viver no meio dos homens com grande intimidade junto a Jesus para dá-lo ao mundo. A encarnação constitui um aspecto essencial de seu carisma. Os membros da Comunidade Emanuel, cuja grande maioria é de leigos, exercem suas responsabilidades familiares e profissionais e são chamados a viverem no mundo sem ser do mundo (cf. Jo 17,11-16). Trata-se de um apelo a engajar-se na Igreja e na sociedade para anunciar Jesus a todos que não o conhecem.

Pierre era espiritual na escuta do Espírito Santo, mas tinha *os pés no chão*. Ele era atento ao equilíbrio entre a natureza e a graça, pois esta não age independentemente de nossa natureza humana. Muito realista e prático, ele lembrava frequentemente que o bom senso é o mais importante dos carismas!

Pierre velava para que a Comunidade agisse na pobreza dos meios para acolher a cada dia o dom de Deus como uma novidade: "É absolutamente necessário que vocês vivam esta graça da Comunidade. Estes tesouros de graças profundas, se nós vivermos, isso nos transformará e nos colocará na alegria!" (E058) Ele sublinhava a importância da simplicidade: "É necessário não complicar a vida. Sejam simples. E depois, tudo caminhará bem" (E059).

Pierre Goursat, profundamente marcado por Teresa[9] de Lisieux, havia assumido sua *pequena via* da infância espiritual e exortava sem cessar seus próximos a vivê-la, considerando que ela era o caminho da santidade particularmente adaptado à vocação do Emanuel:

> Tereza do Menino Jesus veio para nos ensinar esta via, uma via muito simples para as pessoas pequenas e frágeis, como nós. Somos pobres do Senhor, em uma época muito pobre (E009).

Como Teresa do Menino Jesus, Pierre teve o desejo de santidade quando era muito jovem e teve rapidamente a consciência de que ele não poderia alcançá-la por si mesmo. Outro ponto em comum com Teresa: ele não se desencorajava, apesar de suas fraquezas, e compreendia que a *pequena via* constituía um *atalho* para ir ao Céu. Nossos limites humanos, se nós os aceitamos, não são obstáculos para responder ao chamado de Deus. Antes de procurar crescer e impor-se uma ascese voluntarista e austera, que não nos convém forçosamente, é necessário, em vez, permane-

---
[9] N.T.: Santa Teresinha do Menino Jesus.

cer pequeno, e tornar-se assim, mais e mais: "meus amigos é preciso que sejamos verdadeiramente pequenos, bem pequenos" (E006).

Pierre afirmava:

> a vocação do Emanuel é Deus conosco, eu vos repito ainda uma vez. Deus conosco, mas é pequeno, ele é bem pequeno. Então, se nós somos grandes, estamos com um ar ridículo em relação a Ele (E011).

Pierre Goursat estava convencido da importância para nosso tempo da doutrina espiritual de Santa Teresinha que nos conduz à humildade e propõe um caminho de santidade acessível a todos: "o humilde é aquele que não se inquieta, pois ele é uma criança. Ele sabe que tem um Pai que é Todo-Poderoso e que o ama. Então, ele está tranquilo!" (E027)

Nós não temos que nos inquietar com o futuro, se colocamos toda a nossa confiança em Deus:

> somos simples como pequenas crianças. O que é necessário, sobretudo, é que estejamos com confiança. E Jesus é totalmente simples. Estamos com confiança, então, estamos na alegria (E023).

Sexto dia

ADORAR PARA ARDER DE AMOR

> Adoramos o Senhor Jesus no Santíssimo Sacramento. É necessário crer verdadeiramente nesta presença real: uma presença muito real e muito concreta porque o Senhor se encarnou e Ele quer permanecer conosco. Ele quer estar conosco. E é uma grande alegria para nós saber que Ele está conosco (E056).

Pierre Goursat era um homem profundamente *eucarístico*: sua vida era centrada na missa cotidiana e na adoração eucarística. Ele amava ir rezar em lugares onde a adoração era permanente: na Basílica do Sacré-Coeur de Montmartre[10] e na Capela dos Padres do San-

---

[10] N.T.: essa belíssima Igreja, um dos pontos turísticos mais visitados de Paris, tem adoração perpétua há mais de 120 anos.

tíssimo Sacramento, localizada na Avenida de Friedland, que ficava próxima de sua casa.

A primeira *fraternidade*, formada em torno de Pierre em 1974, em Gentilly, depois, em 1975, na casa das Irmãs da Adoração Reparadora, ajudava as religiosas a assegurar a adoração. Pierre e seus irmãos se revezavam à noite diante do Santíssimo Sacramento exposto. Quando Pierre chegou à Péniche[11] do Emanuel, em 1978, onde viveu os últimos anos de sua vida, passava longas horas em adoração. Descia à noite e, em um pequeno oratório, situado na parte dianteira do barco, às vezes, permanecia em oração toda a noite.

Pierre Goursat lamentava a perda do fervor de muitos cristãos: "a única maneira de revitalizar a Igreja é o Amor de Cristo" (E026). Ele estava convencido de que a renovação da Igreja envolvia a redescoberta da adoração eucarística, até então abandonada:

---

[11] N.T.: as *peniches* são embarcações típicas ancoradas ao longo do rio Sena. Foi lá onde Pierre morou os últimos anos de sua vida e onde, durante muitos anos, funcionaram os escritórios centrais da Comunidade Emanuel.

basta que haja um lugar onde alguém esteja ali para amar Jesus, para que rapidamente as pessoas se acheguem. O homem foi feito para se abrasar. Então, vocês vão ver o fogo se espalhar. Mas, verdadeiramente, tenham este amor. Adorem, adorem (E031).

Assim que as primeiras sessões[12] foram organizadas em Paray-le-Monial, em 1975, Pierre quis que a celebração alegre da Eucaristia e a adoração ao Santíssimo Sacramento fossem o centro desses encontros. Desde então, durante quase quarenta anos, todos os verões[13], a tenda da adoração, a Capela do Santuário e a Capela das irmãs visitandinas não permanecem vazias, dia e noite. Uma multidão de pessoas, de todas as gerações, tem reencontrado o caminho da fé e descoberto um novo rosto da Igreja; muitos jovens se converteram e responderam ao apelo do Senhor ao aproximarem-se de Jesus na adoração.

Como sublinhou o Concílio Vaticano II, o Sacramento da Eucaristia é "fonte e cume

---

[12] Organizadas pela Comunidade Emanuel nesse lugar.
[13] N.T.: trata-se do verão Europeu – julho e agosto.

de toda vida cristã" (Constituição Dogmática *Lumen Gentium*, n. 11). Ora, a presença eucarística não se limita à missa, mas se prolonga na adoração eucarística. Memorial da morte e da ressurreição de Cristo, a Eucaristia é a atualização do mistério pascal e torna realmente presente esse evento central da salvação pelo qual *se opera a obra de nossa redenção* (*Lumen Gentium*, n. 3).

Cada missa faz-nos contemporâneos à cruz. O corpo eucarístico de Cristo, ofertado sobre o altar, é seu corpo entregue na cruz. Sob as humildes espécies do pão e do vinho, Cristo torna-se *substancialmente* presente. A cada vez que nós comungamos na missa, recebemos como alimento o *pão da vida* (cf. Jo 6,35.48): "quem come a minha carne e bebe o meu sangue tem a vida eterna. [...] Ele permanece em mim e eu nele" (Jo 6,54.56).

Transformados por esta vida divina que nos foi comunicada, somos revestidos desta força de amor que nos torna capazes de amar *até o fim* (cf. Jo 13,1) como Cristo nos amou (cf. Jo 13,34). Na Eucaristia, Jesus se faz presente com uma intensidade particular: "eis que Eu estou convosco todos os dias, até o fim dos tempos" (Mt 28,20).

Adorar o Santíssimo Sacramento é nos expor cada dia à presença *real* de Jesus. Significa saciar-nos na fonte da vida e se queimar ao sol da justiça que brilha nos ostensórios, trazendo a cura em seus raios (cf. Mt 3,20). Pierre Goursat tinha um grande respeito pela *presença real*: entrando numa igreja, ele ajoelhava-se ou prostrava-se longamente diante do Tabernáculo. Quando rezava diante do Santíssimo Sacramento, Pierre irradiava esta presença que o habitava: "Nosso Deus é um fogo consumidor" (Hb 12,29). Em sua presença, somos inflamados como a "sarça ardente onde Deus se revela a Moisés" (cf. Êx 3,2-3):

> nós nos tornamos as sarças ardentes que queimam e não se consomem. É como um fogo ardente que o Senhor deseja inflamar a partir de nossas pobres vidas para que, juntos, nós nos consagremos a seu serviço e ao crescimento do Reino de Amor (M21).

Pierre Goursat citava frequentemente esta palavra de Jesus: "Eu vim para atear fogo sobre a terra, e como eu gostaria que este fogo já estivesse aceso!" (Lc 12,49). Ele exortava seus próximos a se deixarem arder pelo fogo da caridade divina para propagar esse incêndio de amor em todos os lugares: "esta adoração tem por objetivo naturalmente honrar o Corpo e o Coração de Cristo, mas é principalmente para que lhe peçamos que Ele nos abrase de Amor. Que nós sejamos inflamados pelo amor para que possamos, por nossa vez, inflamar nossos irmãos" (E026) Ele repetia frequentemente: "É necessário que se inflame!"

Evocando o que madre Teresa dizia às Missionárias da Caridade, Pierre acrescentava: "adoramos, mas, em seguida, não deixamos a adoração para ir aos irmãos, continuamos a Adorar Jesus nos irmãos" (E050). Contemplar longamente Jesus presente no Santíssimo Sacramento muda nosso olhar sobre os outros:

> vimos nos renovar na adoração, mas, em seguida, devemos permanecer toda a nossa vida nesse amor, de modo que, ao vermos os ir-

mãos, permaneçamos em seu amor e os recebamos neste amor (E043).

Adorar não nos enche de nós mesmos, mas nos torna atentos às necessidades e às aflições dos homens:

> se nós adoramos, colocamo-nos inteiramente nos braços de Jesus e lhe pedimos para abrir nosso coração. Nós ardemos de amor e o irradiamos. E como ardemos de amor, quer estejamos em oração ou com os doentes, estamos sempre ardendo de amor e vemos Jesus em tudo (E024).

Pierre explicava que a adoração é a fonte da compaixão: "na adoração, Jesus quer nos dar a compaixão de seu Coração, a mansidão de seu Coração" (M21). Permanecendo perto de Jesus presente no Santíssimo Sacramento, unimo-nos a Cristo sofredor e nos compadecemos de todos aqueles que hoje sofrem no plano físico, moral ou espiritual:

> o fato de adorar o Senhor faz-nos compartilhar todos os sofrimentos do mundo; faz-nos compreender todos os sofrimentos físicos, mas nos convida também a rezar pela conversão dos pecadores (E082).

A adoração eucarística abre nosso coração ao amor infinito de Deus pelos homens e nos dispõe a amá-los, reconfortá-los e ajudá-los concretamente, para que, por meio de nós, esse amor se espalhe no mundo:

> na oração e na adoração, somos verdadeiramente revestidos da força do Senhor, mas é necessário também que isso nos conduza a servir nossos irmãos (E024).

Sétimo dia

EXERCER A COMPAIXÃO E ACOLHER OS POBRES

> Quando estamos em contato com a miséria, com o sofrimento, com as trevas e vemos os irmãos que sofrem, nosso coração é movido de compaixão profunda, real e concreta. Na caridade, pedimos ao Senhor para ajudar nossos irmãos, de modo que começamos verdadeiramente a arder de amor e, então, neste momento, vivemos realmente na caridade (E050).

As feridas da infância de Pierre Goursat (a separação dos pais, a morte prematura de seu irmão...) e o fato de ter conhecido a doença muito jovem fizeram com que ele se abrisse para os sofrimentos dos outros. Pierre tinha muita compaixão e uma grande atenção para com as pessoas. Ele as escutava e percebia intuitivamente seus sofrimentos e suas expectativas. Com humor e delicadeza, ajudava cada um a ultrapassar suas dificuldades e a resolver as situações mais delicadas.

Era na adoração eucarística, como vimos, que Pierre Goursat hauria esta compaixão, contemplando o coração do Pai repleto de misericórdia por cada um de seus filhos, sempre disposto a acolher o filho pródigo com os braços abertos e fazer tudo para procurar a ovelha perdida. Como não se maravilhar diante daquele que é "Pai das Misericórdias e o Deus de toda consolação" (2Cor 1,3), cuja maior prova de amor foi nos ter dado seu Filho único (cf. Jo 3,16)?

Movido pela compaixão diante das aflições humanas, Jesus curou os doentes, libertou os possuídos, ressuscitou Lázaro, restaurou a esperança de todos aqueles que, desencorajados e desorientados, vagavam "como ovelhas que não têm pastor" (Mt 9,36). Identificando-se com o Servo sofredor, Cristo assumiu sobre si todos os nossos sofrimentos na cruz. Ele não veio para eliminar o sofrimento, mas para iluminá-lo com sua presença e lhe dar um sentido. *Compadecer-se* significa *sofrer com*.

Participamos misteriosamente da redenção do mundo levando, em nossa oração, todos aqueles que, no mundo, são oprimidos pelos sofrimentos e se revoltam: "na compaixão da adoração, nós devemos dizer ao Senhor: 'Eis que nós te pedimos por aqueles que não rezam e que não sabem rezar'" (E056).

A compaixão é essa capacidade de deixar-se tocar e mudar pelo sofrimento do outro. Ela supõe uma aprendizagem, uma purificação de nossa sensibilidade, pois, se nos deixamos submergir por nossa afetividade e por nossas emoções, arriscamo-nos a projetar sobre o outro nossos próprios sofrimentos, nosso mal-estar. Manter distância da situação, mas sem endurecer nosso coração e nos tornarmos indiferentes, permite-nos passar de uma compaixão *afetiva* para uma compaixão *efetiva*.

Com efeito, se a compaixão supõe uma empatia com aquele que sofre, "ela não é a filantropia. É a caridade, e isso é algo muito diferente, isso é verdadeiramente o amor do Senhor! Este coração movido de compaixão é um dom. E é o Senhor quem no-lo dá porque

Ele é tocado por ver que nós nos ocupamos dos pobres e daqueles que sofrem. Eles são os mais próximos de seu Coração" (E037).

Pierre dizia que, ao nos impregnarmos profundamente dessa graça de compaixão, tornamo-nos mais *eficazes* porque evitamos a tentação do ativismo. Somos todos chamados a sermos os *bons Samaritanos* para aqueles que, em torno de nós, estão em dificuldade: "quando começamos a ter o coração tomado pela compaixão, nós nos transformamos pouco a pouco. E, então, há aí verdadeiramente um poder do Senhor, uma bênção do Senhor" (E037).

Em seus ensinamentos espirituais, Pierre Goursat associava frequentemente muitas palavras da Escritura. Citando a primeira epístola de João (1Jo 3,18) e o Evangelho de Mateus (Mt 7,21), ele convidava seus ouvintes a não se contentarem a ter bons sentimentos, mas a agir concretamente:

> quando dizemos que devemos amar em atos e em verdade, isso é verdadeiro. Nós não devemos permanecer dizendo "Senhor, Senhor!", mas devemos agir, amando em atos, mas também em verdade; isso é o essencial! (E039).

E, comentando esse versículo, "na medida em que o fizerdes ao menor dos meus irmãos, foi a mim que o fizestes" (Mt 25,40), ele afirmava: "se queremos encontrar Jesus, vamos visitar os doentes. Estamos certos de estarmos na verdade! No último dia, seremos julgados sobre o amor" (E037).

Pierre Goursat era desapegado dos bens materiais. Ele vivia muito sobriamente, não possuía praticamente nada e doava o pouco que tinha para as pessoas que necessitavam: "Quando vivemos na pobreza, provamos a necessidade de nos identificarmos com os pobres, num mundo onde não sabemos mais quem são os pobres" (E076). A acolhida e a evangelização dos pobres são sinais dos tempos messiânicos: "o Espírito do Senhor está sobre mim, Ele me enviou para levar a boa-nova aos pobres, curar os corações feridos, anunciar aos cativos a redenção e aos prisioneiros, a libertação... para consolar os aflitos" (Is 61,1-2; cf. Lc 4,14-19).

Pierre tinha um amor de predileção pelos pobres e pelos "perdidos". Quando um deles se apresentava, todo o resto tornava-se secundário; ele não hesitava em interromper um trabalho urgente, ou deixar para mais tarde um encontro importante para recebê-lo longamente. Em 1970, Pierre Goursat comprou uma embarcação[14] para fazer aí um centro de prevenção contra as drogas para os jovens; alguns marginalizados foram acolhidos durante alguns meses. Em 1979, ele abriu, fora de Paris, um lugar de acolhida destinado a ajudar jovens delinquentes, drogados e antigos detentos a se reinserirem na sociedade pela oração, vida fraterna e trabalho.

Na Comunidade Emanuel, Pierre encorajava visitas a hospitais, lançou o SOS oração (telefone permanente, que funcionava 24 horas para escutar as pessoas aflitas e rezar com elas) e outras iniciativas de compaixão que ele considerava essenciais. Ele ficou contente quando, em 1987, o cardeal Lustiger[15] confiou à Comunidade Emanuel o Centro Tiberíades, destinado a acolher pessoas portadoras do HIV.

Pierre, que rezava pelo *mundo da noite*, ficou igualmente muito feliz quando, em 1988,

---

[14] N.T.: trata-se da *Péniche*.
[15] N.T.: arcebispo de Paris (1981-2005).

um jovem pároco da paróquia da Trinité[16] retomou um restaurante no bairro de Pigalle[17], o *Bistrot du Curé*[18], aberto a todos, em particular às pessoas prostituídas. Ele tinha grande afinidade espiritual com Vicente de Paulo, que dizia às Filhas da Caridade: "Deus ama os pobres e, por consequência, Ele ama aqueles que amam os pobres" (SV XI, 392). Pierre exortava os responsáveis dos grupos de oração da Renovação a se abrirem aos mais pobres. Para ele, este era um critério de discernimento, pois ele sabia que isso afastaria as pessoas muito presas ao seu próprio conforto, mas atrairia outros mais generosos:

> tenham a caridade para com os outros! E para ter a caridade uns pelos outros, vocês devem ir aos mais infelizes, aos mais pobres e aos mais desamparados! (E037).

---

[16] N.T.: localizada em Paris, trata-se de uma das primeiras paróquias confiadas a padres da Comunidade Emanuel.

[17] N.T.: famoso bairro parisiense, onde fica, entre outras coisas, o Cabaré Moulain Rouge. Um bairro com grande concentração de prostituição, sex shop e vida noturna.

[18] N.T.: esse restaurante foi um lugar onde a Comunidade Emanuel, durante muito tempo, ofereceu um espaço de acolhida e de evangelização para prostitutas e para todos aqueles que frequentavam a região.

Oitavo dia

DESEJAR A SALVAÇÃO DAS ALMAS

> Há uma tão grande alegria em salvar as almas, que aceitamos os sofrimentos. E, além disso, é verdade também que há tão grandes sofrimentos em pensar nas almas que se perdem, ou que estão prestes a se perderem, que os outros sofrimentos são nada em comparação a isso. É essa a natureza do amor (E068).

Quanto mais estamos unidos a Deus na oração, mais nossos olhos se abrem às angústias espirituais dos homens, menos visíveis, no entanto, porém mais profundas que seus sofrimentos físicos. Inflamado pelo fogo da caridade, Pierre Goursat tinha um grande desejo de salvar as almas; ele não podia permanecer indiferente à solidão e à desesperança de todos aqueles que não conheciam o amor de Deus: "devemos verdadeiramente ter um coração transpassado dizendo sem cessar ao Senhor: 'mas salve o mundo'!" (E011).

Pierre evocava frequentemente um evento que o marcara profundamente em sua juventude. Encontrando-se uma noite com o Cardeal Suhard, sobre a colina de Montmartre[19], olhavam juntos, em silêncio, a capital. De repente, o arcebispo de Paris partilhou com Pierre sua angústia pela salvação dos habitantes daquela grande cidade da qual ele era o pastor: "e dizer que eu sou responsável por três milhões de almas, e que o Senhor me pedirá contas destas três milhões de almas!"

Não podemos compreender o ardente zelo missionário que animou toda a vida de Pierre Goursat se não considerarmos o fogo interior que o inflamava sem cessar pela *salvação das almas*: "é necessário pedir todos os dias de nossas vidas ao Senhor para nos dar este fogo ardente pela conversão dos pecadores" (E051).

---

[19] N.T.: Colina do Montmatre, lugar onde estão localizados diversos pontos turísticos de Paris, entre eles, a Igreja de Sacré-Coeur e Place des Tertres, onde ficam pintores de rua que fazem caricaturas dos turistas; do alto dessa colina, é possível avistar toda a cidade de Paris.

A caridade é o motor da missão, *o amor de Cristo nos impele* (2Cor 5,14). Essa força que impulsionava Pierre a ir sempre adiante, apesar das dificuldades, "é o dinamismo do amor que nos dá esta alegria de trabalhar criativamente para a salvação dos homens" (E050).

A finalidade de nossa vida é, com efeito, ser salvo e participar da salvação dos outros. Deus quer salvar todos os homens e ele chama, em cada época, homens e mulheres para cooperarem mais intimamente nesta obra de salvação. Pierre Goursat convidava cada um a viver as seguintes etapas de um itinerário espiritual muito teresiano: *ter sede* de almas, interceder, fazer pequenos sacrifícios, oferecer-se a Deus por amor.

Pierre contava a propósito de Santa Teresinha: "aos quinze anos, ela viu uma imagem de Jesus na cruz que despontava de seu livro de missa, com esta frase: 'Eu tenho sede, eu tenho sede de almas'. E ela dizia: 'eu peço ao Senhor para fazer sacrifícios a fim de salvar almas'" (E053). E citando o exemplo de Santa Catarina de Sena, ela dizia que era inflamada pelo amor de Deus e que Jesus lhe tinha feito esta confidência: "Eu sofria de tal forma sede de almas, que a cruz era para mim um alívio" (E014). Animado por esse desejo de participar na salvação das almas, compreendemos a importância de rezar por todos os que contam conosco: "peçamos ao Senhor para inflamarmos de amor por nossos irmãos pecadores" (E051).

A intercessão coloca-nos em conformidade com a oração de Jesus, o único intercessor junto ao Pai em favor de todos os homens, e dos pecadores em particular (cf. *Catecismo da Igreja Católica*, n. 2634). Com o Cristo, *o grande padre* que se ofertou por nós uma vez por todas, sobre a cruz (cf. Hb 7,25-27), somos convidados a interceder por eles incessantemente, sem descansar.

Quando rezava à noite, Pierre Goursat fazia sua a súplica de São Domingos: "mas, Senhor, o que os pecadores vão se tornar?" A oração de intercessão é um grande socorro, tanto para os vivos como para os mortos, mesmo que não vejamos os frutos imediatos, e a Igreja encoraja-nos a viver este "apostolado das almas" rezando pelas "almas do purgatório".

Em uma época marcada pela busca do conforto e da autorrealização, Pierre Goursat não hesitava em sublinhar a importância dos *pequenos sacrifícios*: "Senhor, que meus pequenos sacrifícios sejam transformados, em teu amor, pela tua força, para converter os pecadores" (E051). Ele convidava cada um a oferecer suas provações, seus fracassos, suas humilhações, suas contrariedades e os incômodos da vida para ajudar aqueles que precisassem de reconforto. Tomando um exemplo concreto, ele dizia que, antes de dormir, pode-se rezar assim:

> Senhor, durante esta noite, quando eu estarei em meu leito bem macio, eu te peço por todos aqueles a quem tiraram todas as cobertas, as roupas e que são obrigados a se deitarem sobre uma laje úmida, no frio de uma prisão. Senhor, permita que eles não sofram muito e dê a eles a força (E053).

Pierre convidava seus próximos a não visar atos heroicos, objetivos muito difíceis para realizar, mas, como Teresinha do Menino Jesus, sempre recomendava a começar por pequenas privações que não custam muito (por exemplo, pegar um alfinete do chão, ou sorrir para alguém que nos irrita...): "façam pequeninos sacrifícios, o menor que vocês possam encontrar" (E046).

Na cruz, Cristo viveu o dom de si mesmo na perfeição para a salvação de todos os homens. Unindo-nos à oferta que Ele fez de sua vida ao Pai, nós podemos, também nós, oferecer a Deus nossas renúncias para a redenção do mundo. Não é seu sofrimento, mas o amor com o qual Ele sofreu que nos salvou. Pierre Goursat sublinhava que a eficácia de nossos "pequenos sacrifícios" depende unicamente do amor que nós nisso colocávamos:

> é a intenção que conta, porque estes pequenos sacrifícios são sacrifícios de amor e o amor transforma tudo. Isso é que conta, não é o que fazemos, mas é o amor com que nós fazemos as coisas (E056).

No fim de sua vida, Pierre fundou *A Cruz Gloriosa* para encorajar as pessoas doentes a oferecerem seus sofrimentos para a salvação do mundo. Falando de Teresinha do Menino Jesus, que sofreu muito, ele dizia: "mas ela estava tão feliz por salvar almas! Ela possuía realmente o fogo do amor em si. Então, é necessário pedir este fogo de amor, um fogo infinitamente maior do que os sofrimentos" (E050).

Aprender o valor escondido e a grande fecundidade espiritual desses *pequenos sacrifícios* faz crescer, gradativamente, em nosso coração, o desejo de doar-nos ao Cristo e de fazer de nossa vida um *sacrifício* a Deus: "Eu vos exorto, irmãos, pela misericórdia de Deus, a oferecerdes vossas pessoas como hóstias vivas, santas e agradáveis a Deus: este é o culto espiritual que vós deveis oferecer" (Rm 12,1).

Pierre Goursat convidava seus próximos a se oferecerem ao Amor Misericordioso, como Santa Teresinha havia feito em 1895, numa época em que as pessoas se ofereciam muito mais como vítimas da justiça de Deus em reparação aos pecados do mundo. E ele acrescentava:

abandonem-se ao Amor Misericordioso! Oferecer-se como vítima à Justiça divina é aterrorizante, melhor é podermos verdadeiramente, em toda a confiança, abandonar-nos a esse Amor Misericordioso (E051).

Nono dia

EVANGELIZAR NO FOGO DE PENTECOSTES

> O amor de Deus inflama nossas almas para que o levemos aos outros. Este é o Espírito de Pentecostes: uma efusão do Espírito que deve continuar até o Advento de nosso único Senhor e Mestre e Amigo (L007).

Pierre Goursat resumia a vocação da Comunidade Emanuel com estas três palavras: adoração, compaixão e evangelização.

> A Adoração, fonte da compaixão, impulsiona-nos para a evangelização. Jesus nos faz perceber o sofrimento de seu Coração, ferido pelo pecado e pela indiferença dos homens. Ele nos manda anunciar a todos, por todos os meios que Ele nos mostra, seu desejo de que todos os homens voltem para Ele (M21).

O desejo de evangelizar nasce da conscientização de que devemos partilhar o tesouro da fé que nós recebemos: "quanto a nós, não podemos silenciar o que temos visto e ouvido" (At 4,20). Pierre estava convencido: "Nós devemos anunciar ao mundo o amor de Deus. Este amor é desconhecido e desprezado. Nós devemos anunciá-lo" (E029). Se ele era animado por um ardente zelo missionário, era porque se deixava abrasar pelo fogo ardente do Espírito Santo: "agora que Pentecostes veio, não olhemos nosso umbigo, mas nos deixemos tomar por esse fogo de amor. E principalmente devemos ir ao encontro de nossos irmãos" (E009).

Depois de Pentecostes, que constitui o envio em missão da Igreja, cumpre-se esta promessa de Cristo: "vós ireis receber uma força, aquela do Espírito Santo que descerá sobre vós. Vós sereis minhas testemunhas até as extremidades da terra" (At 1,8). Pentecostes libera os Apóstolos do medo que os paralisava. Eles se põem, então, a evangelizar com segurança, apesar das perseguições: "com muito poder, os apóstolos davam testemunho da ressurreição do Senhor Jesus" (At 4,33).

Mesmo em face da grave crise a qual a Igreja atravessava, Pierre Goursat jamais cedeu ao desencorajamento e à resignação. E quando descobriu a Renovação Carismática, viu nela o "novo Pentecostes" que João XXIII havia invocado antes do Concílio Vaticano II. A efusão do Espírito Santo foi para Pierre Goursat um "Pentecostes pessoal" que avivou sua consciência da urgência da missão: "para mim 'o batismo no Espírito Santo' foi a confirmação para me lançar tardiamente no meio do mundo para anunciá-lo" (L008).

Pelos sacramentos do batismo e da confirmação, recebemos este espírito de força que nos impulsiona a testemunhar e a anunciar a todos a Boa-nova:

> é necessário anunciar o Senhor porque recebemos um espírito de Pentecostes, um espírito de poder e de ousadia. Se permanecemos tranquilamente no aconchego de nossas comunidades, apodreceremos em nossas comunidades (E008).

Pierre Goursat foi confortado em suas intuições missionárias pela exortação apostólica *Evangelii Nuntiandi*, publicada em 1975. Paulo VI recordou que a evangelização é *a missão essencial* da Igreja e constitui *sua vocação própria, sua identidade* mais profunda (n. 14). A missão não é *uma contribuição facultativa* (n. 15) reservada a alguns especialistas, mas uma necessidade incumbida a todos os batizados: nós somos chamados a prestar contas da esperança que está em nós (cf. 1Pd 3,15). É a salvação das almas que está em jogo!

Pierre citava frequentemente esta palavra do apóstolo Paulo: "anunciar o Evangelho não é para mim motivo de glória, é antes uma necessidade que se me impõe. Sim, infeliz de mim se eu não anunciar o Evangelho!" (1Cor 9,16). A consciência de nossa incompetência não deve nos servir de álibi: *Os apóstolos não esperaram ser perfeitos para anunciar Jesus. Ele nos envia aos nossos irmãos* (E002).

O Espírito Santo é *o agente principal da evangelização* (*Evangelii Nuntiandi*, n. 75) e *o protagonista da missão* (encíclica *Redemptoris missio*, de João Paulo II, n. 21). Ele nos guia às pessoas a quem falar, dando palavras acertadas àqueles que evangelizam e agindo no coração de seus ouvintes. O primeiro beneficiário é aquele que dá o testemunho, pois *a fé se fortalece quando a doamos!* (*Redemptoris Missio*, n. 2):

> amando Jesus em nossos irmãos, evangelizamos a nós mesmos porque o Espírito Santo está em nós, e então somos os primeiros convertidos (E002).

Ver as pessoas se abrirem a Deus quando lhes anunciamos a esperança da salvação nos traz alegria e nos transforma:

> ao evangelizar os outros, vocês é que são evangelizados. Tenham o coração aberto, vejam o sofrimento e a fome do Senhor nestas pessoas da rua que não conhecem nada. Então vocês terão um único desejo, o de evangelizar (E037).

Pierre Goursat desenvolve a evangelização *direta* na rua, em uma época quando não era praticada por católicos. Para estimular os membros da Comunidade Emanuel, ele propôs o *caderno de evangelização*, um meio simples e concreto, inspirado na Legião de Maria. Pierre sublinhava igualmente a importância de testemunhar no próprio contexto da vida quotidiana:

atualmente, é necessário mais e mais que possamos anunciar Jesus. E anunciar Jesus não é simplesmente ir para a rua, mas também em nosso lugar de trabalho e em toda a parte (E014).

Pierre, que tinha acompanhado com interesse o início da Juventude Operária Católica (JOC), fundada pelo cardeal Cardijn, encorajava o grupo *Renovação e Mundo do trabalho* que agrupava padres-trabalhadores[20] e sindicalistas cristãos.

Pierre Goursat foi um precursor e um ator de grande importância da *nova evangelização*. Ele considerava que era necessário intensificar a ação missionária, encontrar meios adaptados e formar evangelizadores leigos para fazer face às mudanças culturais que intervieram na sociedade e para barrar o processo de secularização. Nesse contexto onde dominavam a ignorância da fé e a indiferença religiosa, Pierre criou o Centro João Paulo II e a Universidade dos Trabalhadores, que pro-

---

[20] N.T.: *Prêtres-ouvriers* muito numerosos na França no século 20 (até mais ou menos a década de 80). Trata-se de padres que trabalhavam em empresas com carteira assinada para estar mais perto dos trabalhadores.

punham cursos e conferências públicas. Ele fundou igualmente a Escola Internacional de Formação e de Evangelização para acolher os jovens desejosos de consagrar a Deus um ano de suas vidas em vista da missão.

Pierre Goursat dava provas de uma grande criatividade missionária e refletia sempre em novos projetos. Ele lançou a revista *Il est vivant!* (*Ele está vivo*), a Fidesco, organismo de cooperação missionária, assim como diferentes iniciativas apostólicas pensando sempre nos jovens, casais e famílias, mundo da educação, da cultura...

Nos últimos meses de sua vida, Pierre Goursat meditou longamente a encíclica sobre a missão que João Paulo II havia publicado em dezembro de 1990. Ele se alegrava ao encontrar as diferentes intuições que ele havia procurado pôr em prática. Então, em um dos últimos Conselhos da Comunidade Emanuel do qual Pierre participou, ele murmurou no final de suas forças: "a missão, a missão, a missão!" Essas palavras exprimiam o que foi sua existência, totalmente entregue à evangelização.

Décimo dia

AMAR E SERVIR A IGREJA

> Não existe entre nós alguém que tenha se convertido em grupos do Emanuel que nos tenha dito: "eu encontrei Jesus, mas não quero entrar na Igreja". Nenhum de nós diz isso porque, ao encontrar Jesus, descobrimos a Igreja interior, a Igreja Santa e Imaculada, a Esposa de Cristo (E011).

Graças ao padre Lécailler, com quem ele se encontrou muitas vezes no Plateau d'Assy,[21] após sua conversão em 1933, Pierre descobriu a beleza da Igreja Católica que ele amava como sua mãe. Lúcido sobre a gravidade da crise que a Igreja atravessava, Pierre guardou sempre um olhar de esperança, convencido de que o Espírito Santo a guiava infalivelmente.

---

[21] N.T.: trata-se do hospital onde, aos 19 anos, Pierre Goursat havia ido se tratar de sua tuberculose e onde se converteu.

Conhecendo bem a história da Igreja, ele sabia que Deus havia suscitado renovações espirituais em diferentes épocas de crise.

Ele comparava os grupos de oração da Renovação Carismática, nascidos na espontaneidade do Espírito Santo e pouco estruturados, às Ordens Mendicantes que defendiam a pobreza e que tinham se desenvolvido no século XIII. As "comunidades de vida", que surgiram a partir desses grupos de oração, evocavam para ele principalmente os mosteiros beneditinos da Alta Idade Média que, apoiados em uma organização sólida, instauraram um ritmo rigoroso de vida, a paz e a moderação na Europa (cf. IEV28).

Profundamente católico, Pierre Goursat empenhou muita energia para que esses grupos de oração e essas "comunidades novas" se ancorassem profundamente na Igreja. Ele ajudou a Renovação, então muito marcada por suas origens protestantes, a se "catolicizar": "o Senhor nos fez crescer no coração de sua Igreja, fortificou-nos naquilo que é o essencial da Igreja: a Eucaristia" (M21). Pierre lamentava o excesso de clericalismo, mas tinha uma inabalável ligação com o Magistério:

> quando obedecemos à Igreja, temos todos os seus tesouros. Em nossa obediência, por meio de toda comunidade, [beneficiamo-nos] de todas as orações da Igreja, de todos os seres que rezam e que sofrem dia e noite pelas almas (E035).

Em sua juventude, Pierre Goursat escolheu permanecer leigo ao invés de se tornar um padre como muitos lhe aconselharam. Ele decidiu consagrar sua vida a Deus ao engajar-se no mundo para estar mais próximo das pessoas. Como responsável pela Comunidade Emanuel, ele foi um pioneiro em colocar em prática as principais intuições do Concílio Vaticano II que haviam sublinhado a vocação específica dos leigos, assim como a complementaridade entre o sacerdócio ministerial e o sacerdócio comum dos batizados.

Pierre Goursat suscitou uma geração de leigos bem formados a partir de um plano espiritual e doutrinal, animados por um grande amor à Igreja. Ele foi também a origem de uma nova forma de vida sacerdotal, adaptada ao nosso tempo. Pierre estava convencido de que os padres, frequentemente isolados, tinham necessidade de uma vida espiritual e fraterna forte para exercer um ministério fecundo e ultrapassar as tentações de desencorajamento e de enfraquecimento.

Pierre Goursat favoreceu, assim, a eclosão (desenvolvimento) de um grande número de vocações e foi capaz de convencer as autoridades eclesiais a elaborar um estatuto canônico, inédito na época, permitindo aos padres diocesanos pertencerem a uma associação de fiéis, ao lado de famílias e leigos consagrados no celibato. Os Estatutos da Comunidade Emanuel, aprovados por dom Lustiger, em 1982, foram reconhecidos de direito pontifício em 8 de dezembro de 1992.

Pierre rezava para que a Igreja encontrasse um novo impulso missionário. Ele sonhava com que os membros da Comunidade pudessem juntos, na complementaridade e solidariedade de seus estados de vida, servir à Igreja universal e às Igrejas locais. Ele pensava que as paróquias deveriam se transformar em polos missionários vivos para unir um maior número daqueles que estavam mais longe da fé.

Pierre Goursat alegrou-se quando a primeira paróquia, a Igreja da Trinité (Trindade), foi confiada pelo arcebispo de Paris aos padres da Comunidade, em 1986, pressentindo que muitas outras o seriam na França e no mundo.

Pierre estava convencido de que a Renovação poderia ajudar a Igreja Católica a se abrir mais largamente ao Espírito Santo e a se tornar "mais carismática". Citando Santo Irineu de Lyon, Pierre escreveu: "a Renovação é eclesiástica, pois é o Cristo e o Espírito Santo que, juntos, construíram a Igreja. Lá onde está a Igreja, está o Espírito Santo. E lá onde está o Espírito de Deus, está a Igreja" (IEV5). O florescimento dos carismas manifestados na Igreja nascente é consequência direta de Pentecostes e de toda a efusão do Espírito:

> eu vos peço meus irmãos, compreendam que a Renovação é uma renovação "Carismática", trata-se de um espírito de Pentecostes; é necessário verdadeiramente que compreendam isso (E008).

O Espírito Santo é a "alma" da Igreja, que é o Corpo de Cristo; ele lhe insufla a vida, assegurando a comunhão, vivifica-a, renova-a e a rejuvenesce sem cessar. O Espírito Santo age de múltiplas maneiras, em particular pelos "carismas" que são "graças especiais" (cf. *Lumen Gentium*, n. 12), dons que Deus dá gratuitamente aos fiéis, distribuindo-os a cada um como Ele quer (cf. 1Cor 12,11) para que cooperem com seu projeto de salvação.

O apóstolo Paulo define assim os carismas: "a cada um, a manifestação do Espírito é dada em vista do bem comum" (1Cor 12,7). Os carismas são dados para edificar a Igreja e para servir melhor em função de suas necessidades:

> é uma Renovação para nosso tempo que conduz a novos serviços, a novos ministérios, segundo os carismas repartidos a cada um pelo Espírito e reconhecidos pela Igreja (IEV6-7).

Os carismas são uma manifestação da caridade e estão ao serviço da caridade. Eles devem sempre ser autenticados pela Igreja: "não extingais o Espírito, não desprezeis as profecias. Mas discerni tudo e ficai com o que é bom" (1Ts 5,19-21). Numa grande diversidade, os carismas são conexos e interdependentes; eles se confirmam mutuamente. Pierre Goursat encorajava o exercício dos carismas, tendo pessoalmente recebido o de discernimento, que lhe permitia governar a Comunidade com sabedoria e lucidez.

Pierre desejava ardentemente a unidade da Igreja, uma unidade que se exprimia na diversidade dos chamados e dos carismas. Ele precisou algumas vezes se opor à concepção difundida na Renovação Carismática que tendia a reduzir a unidade à uniformidade. Pierre tinha relações amigáveis com muitos pastores protestantes, aos quais ele convidava para dar conferências em Paray-le-Monial. Ele era a favor de um ecumenismo exigente, vivido no respeito à identidade de cada um, que não apagasse as diferenças entre as confissões cristãs:

> a primeira coisa para fazer o ecumenismo é amar sua Igreja. E depois amar seus irmãos protestantes. E sofrer com a divisão. É necessário colocar o amor na frente. Verdadeiramente ter a compaixão (E037).

Décimo primeiro dia

EDIFICAR A COMUNIDADE PELA CARIDADE

> A Comunidade é, antes de tudo, uma comunidade de amor, de afeição espiritual entre nós. E isso é essencial porque, se não temos amor uns pelos outros, somos mentirosos. Não podemos amar a Deus se não amamos nosso próximo. Todos vocês o sabem, mas é necessário lembrar sempre (E034).

Da mesma maneira que a primeira comunidade cristã nasceu de Pentecostes, a efusão do Espírito de Pierre Goursat e de Martine Laffitte, em fevereiro de 1972, foi a origem da Comunidade Emanuel. Durante quarenta anos Pierre tinha agido só. A partir de então, o Senhor lhe deu irmãos e irmãs. Pierre tinha consciência de que a comunidade que tomou corpo em torno dele não era uma obra humana. Deus esculpia, polia e ajustava as "pedras vivas" desse frágil edifício em construção (cf. 1Pd 2,4-5). Pierre zelava pela qualidade da vida fraterna. Ele esperou muitos anos antes de começar uma "comunidade de vida" para que ela fosse o fruto de uma verdadeira comunhão espiritual:

> é necessário verdadeiramente que seus grupos de oração sejam calorosos e plenos de caridade para que, pouco a pouco, nasçam no meio desses grupos de oração algumas almas que sintam um apelo à vida comunitária. Mas isso é no tempo do Senhor. É necessário não ultrapassar o Senhor; é necessário esperar (E037).

A caridade fraterna é o cimento de toda comunidade cristã:

> amar-nos uns aos outros como Deus nos amou, isso não parece fácil, mas é muito fácil porque Ele nos deu seu amor. O Espírito Santo nos ama e nós somos unidos por ele. Então é fácil! (E017).

Tertuliano testemunhava que os pagãos se convertiam vendo o amor que reinava entre os cristãos: "Vejam como eles se amam!" (Apologética, n. 39 § 7; cf. Jo 13,35). O que era verdadeiro no início do cristianismo é verdade ainda hoje: "Com Pentecostes, o Espírito Santo nos mergulha no amor de uns pelos outros" (E012). Pierre dava pouca importância para a organização da Comunidade e focava sobre o essencial: "se não há amor, é como se não houvesse a gasolina em um carro: ele não funcionará" (E037).

A comunidade é uma escola de caridade e de humildade: "revesti-vos de sentimentos de terna compaixão, benevolência, humildade, de mansidão, de paciência" (Cl 3,12). "A humildade da caridade" favorece a comunhão entre as pessoas e nos dispõe a ter um olhar "positivo" sobre eles. Quando vivemos juntos, rapidamente ficamos irritados, exasperados pelos defeitos dos outros. Pierre nos convidava a pedir ao Senhor para que Ele nos mostrasse as qualidades de nossos irmãos e irmãs de comunidade. Antes de nos comparar a eles, aprendemos assim a reconhecer seus talentos e nos alegrar com eles: "que cada um, por humildade, estime os outros superiores a si" (Fl 2,2-3). Somos felizes por prestarmos serviço e por exercermos concretamente a caridade, vivendo a abnegação e o dom de si nas múltiplas oportunidades oferecidas pela vida comunitária:

> é importante aceitar pequenos serviços aqui e ali, que nos são pedidos, porque isso cria na comunidade um amor, uma alegria, uma verdadeira caridade (E061).

Pierre Goursat lembrava frequentemente que um cristão isolado está em perigo e que, ao contrário, "um irmão sustentado por um irmão é uma cidade fortificada" (cf. Pr 18,19). Ele considerava a vida comunitária indispensável para o cristão de hoje em dia. Em comunidade, dizia ele, nós somos como que amarrados uns aos outros, solidários, e isso evita que nos "desmanchemos":

> não podemos nos santificar sozinhos. Sobretudo no mundo em que estamos. Não podemos sair sozinhos. Se não estamos juntos, despencamos (E025).

A comunidade constitui um sustento para viver com mais radicalidade nosso compromisso no seguimento a Cristo: o Senhor quer que vivamos em comunidade, Ele quer verdadeiramente que tenhamos o apoio dos irmãos (E023). É nesse espírito que, em setembro de 1976, as *maisonées* e os acompanhamentos pessoais foram propostos aos membros da Comunidade Emanuel como os dois pilares da vida comunitária:

> é necessário que todos juntos portemos uns aos outros, porque sozinhos não conseguimos, mas juntos nos mantemos (E041).

Esses lugares de partilha e de oração uns pelos outros favorecem a conversão e o crescimento humano e a santificação de cada um. Na vida espiritual, se não progredimos, *andamos em círculos*, dizia Pierre exortando seus irmãos: "é necessário avançar, e não podemos avançar sozinhos; mas juntos podemos verdadeiramente avançar" (E016).

Pierre se maravilhava com o que a Comunidade tinha de bom, seu crescimento e seu fortalecimento, mesmo que humanamente tudo parecia se opor aos seus primeiros companheiros, que tinham temperamento forte e caráter bem endurecido:

> é impressionante ver que o Espírito Santo nos une. Temos a impressão de que somos um feixe e que esse feixe está amarrado, e se esse feixe se soltar, tudo cairá, mas, com o Espírito Santo, tudo está firme (E012).

Para preservar esse dom precioso da unidade, Pierre velava para desfazer qualquer início de discórdia. Ele nasceu em uma família de humoristas, sabia que a ironia podia ferir profundamente e gerar um mal, que traria consequências nefastas e duráveis. Ele fazia a distinção entre "o espírito crítico", necessário para analisar as situações e avaliar as pessoas, e "o espírito de crítica", que traz um julgamento de valor negativo.

A única regra que ele impôs aos membros da Comunidade é de nunca criticar... nem de brincadeira! Ele era intransigente sobre esse ponto e não hesitava em fazer uma correção fraterna quando isso acontecia. A uma irmã que tinha a tendência a criticar, ele disse: "se continuas assim, teu lugar não é na Comunidade!"

Tendo sofrido pessoalmente críticas injustas, Pierre Goursat propôs aos responsáveis das "comunidades novas" uma "carta de caridade" pela qual eles se engajavam em não criticar as outras comunidades, mas a falar bem. Essa carta se inspirava em um artigo publicado em 1978, na revista *Il est Vivant* (Ele está vivo)[22], que tinha como título *O Exercício da caridade*:

> quando alguma coisa não vai bem em minha comunidade:
> 1. Considerar-me como responsável e rezar para que isso melhore.
> 2. Não falar a pessoas que ficariam perturbadas inutilmente, sem resolver o problema de fato.
> 3. Rezar para saber a quem falar. Depois escolher o melhor momento para fazê-lo e o que exatamente dizer (IEV19).

Uma comunidade só pode edificar-se no respeito mútuo e na discrição. Pierre convidava cada um a "colocar um freio na língua" (cf. Tg 1,26) e a banir a fofoca, que é fonte de discórdia e de divisão:

> o tempo que passávamos anteriormente em críticas, em palavras vãs, deveríamos passar rezando por nossos irmãos, e suplicando ao Senhor para que Ele complete neles sua obra de conversão (IEV19).

---
[22] Trata-se de uma revista mensal publicada pela Comunidade Emanuel.

Décimo segundo dia

COMBATER COM AS ARMAS DA FÉ

> Estamos em um drama cósmico; há um combate espiritual intenso. Alguns não entenderam talvez a intensidade desta batalha que é uma batalha de amor (E056).

O combate espiritual é uma realidade incontornável da vida cristã. Quanto maior nossa determinação em seguir o Senhor, mais o inimigo nos ataca: "não é contra adversários de carne e sangue que devemos lutar, mas contra Principados, Autoridades, contra os Dominadores deste mundo de trevas, contras os Espíritos do Mal, que povoam as regiões celestiais" (Ef 6,12).

Dois riscos nos ameaçam: ver a ação do diabo em tudo, ou, ao contrário, ignorá-lo. O grande estratagema do demônio consiste precisamente em nos fazer crer que ele não existe. Denunciando esta ideia largamente difundida, Paulo VI lembrava que o Maligno é o "inimigo número um":

> o mal não é apenas uma deficiência, ele é, de fato, um ser vivo, espiritual, pervertido e perversor. Desviam-se do ensinamento da Bíblia e da Igreja aqueles que recusam reconhecer sua existência [...]; ou, ainda, que o explicam como uma pseudorrealidade, uma invenção do espírito (Audiência Geral de 15 de novembro de 1972).

Fazendo referência à sua experiência profissional no cinema, Pierre Goursat falava frequentemente do combate espiritual. Ele explicava como, por volta de 1960, alguns produtores haviam estabelecido uma estratégia deliberada banalizando o erotismo para progressivamente impor a homossexualidade e a pornografia. Esse objetivo deveria ser alcançado em algumas décadas.

O demônio lidera uma verdadeira guerra espiritual no seio da história humana e na vida pessoal de cada ser humano. Ele busca se aproveitar insidiosamente de todas as esferas da sociedade, cercando-nos, infiltrando-se no interior de nossas linhas e assaltando nossas fortalezas de proteção. Precisamos combater sobre duas frentes diferentes, a "frente interior" (nossa vida pessoal) e a "frente exterior" (o mundo).

O maligno utiliza diferentes estratagemas para nos desestabilizar e nos afastar de Deus. Especialista na "guerra da propaganda" e "na ação psicológica", ele deforma a realidade, espalha mentiras e semeia confusão em nosso espírito por meio de trapaça. Ele envia gases tóxicos para nos cegar, adormecer-nos e neutralizar-nos. Interferindo em nossos pensamentos e em nossa imaginação, ele aumenta as dificuldades para nos angustiar, assusta-nos e impede-nos de agir. O adversário pratica a arte da camuflagem e da diversão: ele procura nos afastar dos objetivos prioritários e desviar nossa atenção dos perigos a fim de nos atacar de surpresa.

Para enfrentar esse combate impiedoso, e ganhá-lo, é necessário conhecer as artimanhas do adversário e as armas das quais dispomos para nos defendermos. Nossa primeira segurança é permanecermos ancorados em Cristo: após ser batizado no Jordão, Jesus ("Deus salvador") jejuou longamente e descartou o Tentador pela Palavra de Deus (cf. Mt 4,1-11). Por sua morte e sua Ressurreição, Ele definitivamente venceu o Mal. Por nosso batismo, fomos libertados do mal e nos revestimos de Cristo: "revesti-vos da armadura de Deus, para poderes resistir às manobras do diabo" (Ef 6,11).

Para nos desmoralizar e nos desencorajar, o inimigo destila em nós a tristeza e a dúvida. A esse propósito, Pierre Goursat dizia frequentemente: "Em vez de duvidar de tua fé e crer em tua dúvida, duvide de tua dúvida e creia em tua fé".

O Adversário lisonjeia também nosso "ego", nosso orgulho e nossa vaidade, dá-nos a ilusão de que somos "os melhores" e que, sem nós, o mundo brevemente se perderá! A humildade é sempre a via mais segura para fazer fugir o diabo: "como o demônio é muito grande, cheio de si, o melhor meio de expulsá-lo é fazer-se pequenino, pois é quando ele não pode entrar em nós" (E011).

Outro estratagema do demônio é procurar nos isolar para nos tornar mais vulneráveis: "é necessário pedir, rezando juntos, que o Senhor nos dê o dom da força. E o Senhor pede que nos doemos a Ele. É necessário nos reagruparmos para juntos sermos fortes" (E055).

A vida comunitária constitui um lugar de treinamento e uma "base de retaguarda", onde cada um vem buscar forças novas para a missão:

> é importante estarmos juntos para podermos resistir e evangelizar. Se, em um escritório, vocês anunciam Jesus fortemente, vocês serão contra-atacados, e isso não importa em que meio. É verdadeiramente o combate espiritual. Por pequenos grupos, realizamos. Evangelizamos (E055).

Anunciar o Evangelho em um mundo hostil é, com efeito, um combate difícil: *Devemos anunciar Jesus, mesmo se há combates* (E082).

Meditemos na oração estes conselhos do apóstolo Paulo:

por isso deveis vestir a armadura de Deus, para poderdes resistir no dia mau e sair firmes de todo combate. Portanto, ponde-vos de pé e cingi os rins com a verdade e revesti-vos da couraça da justiça e calçai os pés com o zelo para propagar o Evangelho da paz, empunhando sempre o escudo da fé, com o qual podereis extinguir os dardos inflamados do Maligno. E tomai o capacete da salvação e a espada do Espírito, que é a Palavra de Deus. Com orações e súplicas de toda sorte, orai em todo tempo, no Espírito, e, para isso, vigiai com toda perseverança e súplica por todos os santos (Ef 6,13-18).

Essas "armas de luz" constituem uma proteção absoluta para aqueles que se entregam a Deus com toda a confiança:

> nesse combate espiritual, temos unicamente armas de pobres porque não temos nada; mas temos tudo, pois é o próprio Espírito Santo, é o próprio Jesus quem quer agir (E02).

Décimo terceiro dia

REDESCOBRIR A ALEGRIA DE SER CRISTÃO

> Nós sabemos que Jesus é verdadeiramente o Deus vivo. Ele está bem vivo e estamos todos felizes. Então, é necessário que esta alegria exploda (E009).

Como numerosos cristãos de sua geração, Pierre Goursat havia sido educado em uma fé austera que não correspondia ao seu temperamento otimista: "muitos entre nós fomos marcados por uma heresia terrível no catolicismo que se chama jansenismo. Isto foi condenado, mas ela reaparece em tudo" (E006). Ele achava que os cristãos não eram suficientemente alegres: "Senhor, nós te agradecemos por nos ter enviado teu Espírito. Então, dá-nos rosto de ressuscitados" (E009).

Pierre amava sempre rir e brincar. A efusão do Espírito tornou-o ainda mais alegre: "ríamos todo o tempo: estávamos tão felizes que nos diziam: 'mas por que todos estão rindo assim e alegres desse jeito?'" (E080) Jesus está vivo, e Pierre havia feito essa experiência e isso o inundava de uma alegria transbordante, sobrenatural: "era uma alegria extraordinária" (T1), "esta alegria imensa da presença do Espírito Santo em nós" (E059). A alegria é, com efeito, um fruto do Espírito Santo (cf. Gl 5,22).

Enquanto as alegrias humanas são fugazes, a verdadeira alegria vem da união com Deus. Ela se nutre da oração: "esta alegria, nós a encontramos verdadeiramente na adoração eucarística" (E039). A alegria que nos dá a presença de Jesus aprofunda-se quando vivemos em uma relação de intimidade com Ele: "Senhor, guarda-nos no recolhimento, no recolhimento alegre. Torna-nos alegres, mas guarda-nos em ti. Tu és a nossa alegria" (E009).

Em sua Exortação apostólica sobre a alegria cristã, *Gaudete in Domino*, publicada em 1975, Paulo VI escreveu: "o segredo da alegria insondável, na qual habita Jesus, é o amor inefável com o qual Ele se sentia amado por seu Pai". Todo ser humano aspira à felicidade e precisa ser amado, "nós somos alegres porque somos amados. Amamos o Amor e somos transformados pelo Amor" (E058). Pierre ardia de desejo de dizer a todos os homens que eles eram amados por Deus, de lhes anunciar esta "alegria deslumbrante de Amor" (L007).

Na Anunciação, o arcanjo Gabriel dirige-se à Virgem Maria com estas palavras "alegra-te" (Lc 1,28), que exprime a alegria da salvação prometida a todos (cf. Sf 3,14-17). Maria, que se maravilhou da Misericórdia de Deus, deu vazão à sua alegria no canto do *Magnificat*. Essa alegria pela realização das promessas messiânicas preencheu seu coração quando ela deu à luz Jesus, o Salvador.

A exultação de Maria é também a alegria da Igreja que ressoa na noite da Páscoa, quando o *Exultet* anuncia a Ressurreição do Cristo. Mas, como Maria, só podemos conhecer a alegria pascal ao participar do mistério da cruz. De fato, a alegria cristã é indissociável da cruz: "suportamos a cruz, mas na alegria. A alegria é dolorosa, mas é uma alegria" (E029).

Deus é "inacessível" ao mal: Ele não o quer, mas o "permite". O sofrimento é sempre injustificável, no entanto, ele é mais leve se o vivemos unidos a Cristo: "se estamos perto de Jesus, não percebemos que sofremos, porque estamos com Ele sobre a cruz" (E031). Quando oferecemos nossos sofrimentos com Cristo, para a salvação do mundo, eles adquirem um sentido. "Jesus sofreu sobre a cruz, mas Ele estava feliz por causa de seus sofrimentos porque ele dizia 'Eu salvo almas!'" (E050). O sofrimento assim ofertado, às vezes vivido até o martírio, dá aos santos a alegria de participar da obra de redenção (cf. Cl 1,24; 1Pd 4,13-14). Quando aceitamos "abraçar" a Cruz, provamos a alegria do Redentor.

Os discípulos de Cristo sempre tiveram de enfrentar incompreensão e perseguições. Após serem espancados, os Apóstolos partiram "alegres por terem sidos julgados dignos de receber ultrajes pelo nome do Senhor" (At 5,41) e Paulo exclama: "eu transbordo de alegria em todas nossas tribulações" (2Cor 7,4).

Pierre Goursat se esforçava para permanecer sempre alegre, em ação de graças (cf. 1Ts 4,16.18), mesmo quando ele sofria ou suportava oposições: "então estamos na alegria. É necessário verdadeiramente dizer, como São Paulo 'somos vencedores naquele que nos fortifica'" (cf. Fl 4,13: Rm 8,35.37) (E050).

A "alegria perfeita" da qual nos falava Francisco de Assis é semelhante às Bem-aventuranças: "felizes sereis vós quando vos insultarem, quando vos perseguirem e disserem falsamente todo tipo de infâmia por causa de mim" (Mt 5,11-12).

Pierre Goursat convidava seus irmãos a louvar a Deus nas provas, mesmo se não se alegravam com elas, mas:

> o louvor, quando cantamos com alegria, ou quando sofremos, ensina-nos pouco a pouco a louvar continuamente... É o antídoto absoluto contra o mal, especialmente nesta época atual que está na desesperança (E020).

Ele recomendava praticar o louvor em todas as circunstâncias, primeiramente quando tudo ia bem, para continuar a fazê-lo nos momentos difíceis. Pierre tinha descoberto a força do louvor no encontro internacional da Renovação em Roma, na festa de Pentecostes de 1975: "Compreendemos o louvor. Era um povo no louvor" (T1). Ele ficou ainda mais convencido de sua importância quando visitou as comunidades carismáticas americanas durante o verão de 1976.

Encorajava os membros da Comunidade Emanuel a viverem nesse louvor alegre nos grupos de oração e em cada manhã, em família, ou em *maisonées*. Louvar a Deus é manifestar seu Senhorio, sua presença atuante em nossas vidas: "o louvor é o contato com Deus Vivo. Então, eu gostaria que explodíssemos de alegria, literalmente" (E022). É também oração de intercessão que abre nosso coração à misericórdia.

A oração do louvor nos permite experimentar por antecipação as alegrias do céu: "quando somos numerosos a louvar, sentimos a glória de Deus com todos estes irmãos que rezam e louvam juntos ao Senhor. Tem-se a impressão de já se estar no Céu! É magnífico!" (E043). Pierre recorreu muitas vezes ao que ele chamava "o sindicato dos santos"!

Em Deus, tudo é alegria porque tudo é dom. Viver na comunhão dos santos estimula a caridade e o dom de si. Porque Jesus nos dá tudo, dizia Pierre, "é necessário que nós lhe entreguemos tudo, senão ele não pode fazer nada. E, com isso, é fantástico, avança-se" (E014).

Jesus nos prometeu que nos daria sua alegria para que nossa alegria fosse "completa". Essa é a condição de nos amarmos uns aos outros como Ele nos amou e de doarmos nossa vida para os outros (cf. Jo 15,11-13):

Jesus me faz viver! Que eu seja feliz, que eu seja feliz! Eu não me pertenço mais, eu lhe dei tudo! (24W47).

Pelo testemunho de sua vida, Pierre permitiu a muitos a redescoberta da alegria de ser cristão:

> o cristianismo é a alegria. Fora da alegria, não estamos na verdade, pois não estamos no amor (L007).

Décimo quarto dia

COLOCAR-SE NA ESCOLA DO CORAÇÃO DE JESUS

> O Sagrado Coração não é uma devoção, mas é a essência mesma do amor do Pai. Deus tanto amou o mundo que Ele deu seu Filho único para salvá-lo. Isto é realmente o mistério de amor (E006).

Desde sua infância, Pierre Goursat foi profundamente marcado pelo Coração de Jesus: "eu amava o Coração de Jesus com muito amor" (T6). Escandalizado de ver Jesus todo coberto de sangue na cruz, Pierre era atraído pelo Coração de Jesus quando ia rezar na Igreja São Philippe du Roule:

> em minha juventude, tinha um medo terrível da cruz. Na Igreja, havia dois altares, um da cruz e outro do Sagrado Coração. Eu virava sempre do lado do Sagrado Coração! O Cora-

ção de Jesus é um Coração Radiante. Era a luz e o fogo. Então, eu ficava em paz e em confiança (E039).

Pierre detestava as representações dolorosas e sangrentas do Sagrado Coração. Jovem convertido, ele foi tocado pela Misericórdia de Deus ao ler as *Confissões* de Santo Agostinho: "a doutrina de Santo Agostinho, sua abordagem intuitiva, caminhava bem com São Boaventura, e também com o Coração de Jesus" (T6).

A devoção ao Sagrado Coração, muito viva durante o período entre as duas grandes guerras, espalhou-se rapidamente na Igreja no fim do século XIX, após Pio IX instituir a Festa do Sagrado Coração, em 1856, como Jesus havia pedido no século XVII a Margarida Maria Alacoque, uma jovem visitandina de Paray-le-Monial. Nessa época, o protestantismo implantava-se na Europa e o rigor jansenista impregnava-se no catolicismo.

Enquanto o coração do homem tinha se esfriado, Jesus tinha um inflamado desejo de comunicar ao mundo o fogo ardente da caridade divina que seu Coração não podia conter. Ele recorda à sua confidente o quanto *seu Coração que tanto amou os homens* tinha sido ferido pela indiferença e ingratidão. Em "reparação", o Cristo convida Margarida Maria a se confessar e a comungar cada primeira sexta-feira do mês, e também a viver a "hora santa" na quinta-feira à noite, permanecendo unida com ele no Getsêmani na oração e na penitência.

É nesse espírito de "reparação" que Pierre Goursat procurava cada dia "pequenos sacrifícios". A imensa sede de amor que Jesus sente por cada um de nós não pode ser saciada a não ser que lhe respondamos "amor por amor".

O culto ao Sagrado Coração exprime o amor que Jesus nos manifestou em seu ponto mais alto sobre a Cruz. Ele é a síntese de toda a fé cristã que confessa Jesus Cristo *verdadeiro Deus e verdadeiro homem*. Cristo assumiu plenamente sua condição humana; Ele amou, sofreu, provou em seu coração de carne os sentimentos humanos que são nossos.

A ferida de seu lado transpassado manifesta a autenticidade de sua encarnação. Do Coração aberto de Jesus sobre a cruz (cf. Jo 19,34), jorra a efusão do Espírito prometido a todos aqueles que têm sede (cf. Jo 7,37).

Essa ferida aberta é o símbolo do amor eterno, infinito de Deus pelos homens: "teu lado foi transpassado. Por que está ainda ferido? Para que nós víssemos a ferida invisível de teu amor por meio desta ferida visível" (São Boaventura, *A Vinha mística*). Como Pio XII afirmava, a Eucaristia é "um dom do Sagrado Coração de Jesus" (Encíclica *Haurietis Aquas*, n. 73). A humilde mediação do coração humano de Jesus permite-nos ter acesso ao seu Coração Divino. A contemplação de seu coração transpassado introduz-nos no seio da Trindade, nos sentimentos divinos que o Filho partilha desde toda a eternidade com o Pai e o Espírito Santo.

O Coração de Jesus é a fonte do dinamismo apostólico que animava a vida de Pierre Goursat. Ele resumiu assim seu percurso espiritual: "eu vivia da adoração e eu fazia oração na adoração eucarística e no Sagrado Coração" (T6). Da adoração, nascem a compaixão e o zelo pela salvação das almas:

> Deus quer, no lugar de nosso coração de pedra, colocar seu Coração ardente de amor, e comunicar seu ardente desejo de salvar as almas. Para isso, Ele quer tocar nosso coração com seu Amor, transpassá-lo, abrasá-lo (M21).

Em várias ocasiões, Jesus mostrou seu coração em chamas a Margarida Maria. Pierre Goursat mergulhou nesta "fornalha ardente de caridade" para se deixar abrasar pelo fogo do amor:

> é necessário pedir ao Senhor que Ele coloque um fogo no coração. É necessário colocar-se em seu Coração porque ele é um braseiro ardente que se comunica a nós! Então, arderemos de amor! (E031)

Esse amor de caridade conduz à missão: "este é verdadeiramente um segredo de seu Coração que Ele nos dá" (E039). Da mesma forma que o coração humano contrai-se e dilata-se permanentemente para assegurar a vida, a adoração e a evangelização constituem os dois movimentos indissociáveis que permitem à Vida Divina difundir-se em nós e no Corpo da Igreja.

Pierre Goursat citava frequentemente a passagem do Evangelho de Mateus no qual Jesus fala de seu coração: "vinde a mim, vós todos que estais cansados sob o vosso fardo e eu vos darei descanso. Tomai sob vós o meu jugo e aprendei de mim, porque eu sou manso e humilde de coração, e encontrareis descanso para vossas almas" (Mt 11,28-29). Pierre considerava o Coração de Jesus como o antídoto dado por Deus para nos proteger do orgulho intelectual e espiritual. Colocar-se na escola do Coração de Jesus é o melhor meio para adquirir a humildade; assim nosso coração encontra o repouso e se abre à misericórdia:

> o caminho do Senhor é realmente Jesus manso e humilde de coração. Trata-se de um caminho extraordinário. Se formos mansos e humildes de coração, Ele nos transpassará o coração tranquilamente. E nós receberemos rios de água viva de compaixão. E seremos transportados até a vida eterna (E027).

Animado por esse desejo de fazer conhecer o Coração de Jesus a um número cada vez maior de pessoas, Pierre Goursat lançou as sessões de verão em Paray-le-Monial, em 1975, ano do tricentenário da "grande aparição" de Jesus a Margarida Maria. A Peregrinação, que estava quase deserta, retomou a vida progressivamente e Monsenhor Le Bourgeois, bispo de Autun, confiou a animação do santuário à Comunidade Emanuel, em 1985.

Filho da Polônia, o primeiro país a ser consagrado ao Sagrado Coração, João Paulo II foi o primeiro papa a ir a Paray-le-Monial, em 1986. Pierre Goursat teve a alegria de encontrá-lo após a missa, na "capela das aparições", com as Irmãs visitandinas e vários responsáveis da Comunidade Emanuel. João Paulo II confirmou a necessidade das intuições de Pierre que contribuíram para valorizar o culto ao Coração de Jesus, tornando-o atual e acessível a todos, em particular, às famílias e às gerações jovens. O Coração de Jesus não é uma "devoção" desatualizada ou acessória. Ela constitui o coração da vida cristã:

> se vocês estão em Paray-le-Monial não é para ressuscitar vossa "devoçãozinha". O Coração de Jesus é essencial, é todo o Evangelho de João (E026).

Décimo quinto dia

CONFIAR-SE A MARIA, NOSSA MÃE

> Nós, que somos irmãos de Jesus, tornamo-nos como pequenos filhos de Maria. Isso nos dá esta graça do abandono, como uma criança entre as mãos de Maria. Porque Maria nos recebe como uma mãe, ela nos recebe como filhos em seu seio. Nós devemos viver no abandono como pequenos filhos (E078).

Em seu nascimento Pierre Goursat e seu irmão Bernard foram consagrados por sua mãe, um à Virgem e outro ao Sagrado Coração. Pierre, como São João Eudes, considerava que o Coração de Jesus e o coração de Maria eram intimamente unidos ao ponto de formarem apenas um só coração: "nosso ritmo de vida é o ritmo do Coração de Jesus e do coração de Maria" (E036). Nascido em 15 de agosto, morto em 25 de março, Pierre sempre viveu em uma proximidade particular com a Virgem Maria.

Ele falou em público sobre uma lembrança de sua infância que o tinha marcado. Inquieto com o fato de ser operado de apendicite, ele pôde dormir em paz, tranquilo porque sua mamãe estava presente com ele no momento da anestesia: eu creio que podemos verdadeiramente estar em confiança com Maria. Com Maria, temos a confiança, ela é verdadeiramente nossa mãe; com ela tudo é simples (E039).

Logo após sua conversão, Pierre não compreendia bem a Virgem Maria. Falando sobre isso com seu primo, o padre Jacques Goursat, ele lhe disse: "Tu te converteste, tu recebeste o Coração do Cristo, a Santa Virgem virá pouco a pouco em tua vida". Pierre confidenciou mais tarde: "isso foi o que aconteceu. Ela entrou pouco a pouco, muito mansamente, em meu coração. Mas ela entrou ainda mais na sequência de um evento que ocorreu em 1944" (T2).

Um oficial alemão, num carro, quase derrubou Pierre Goursat próximo de sua casa e ele deixou escapar: "idiota!". O militar desembainhou seu revólver e começou a perseguir Pierre. No momento em que ele entrou no lugar onde morava, a porteira, alertada pelo barulho saiu e conseguiu deter por alguns instantes o oficial alemão. Pierre aproveitou para ir ao seu apartamento, no quinto andar. Nesse momento, ele escutou uma voz interior que lhe dizia: "não te inquietes, estás salvo". Pierre teve a certeza de que era Maria. Então, ele viu uma escada no pátio que nunca tinha visto antes e assim conseguiu escapar!

Pierre contava também que a Virgem o tinha curado da tuberculose em Lourdes. Lá, ele organizou muitos encontros para os grupos de oração e as comunidades da Renovação, a partir de 1976. Pierre ia todos os anos para a casa de acolhida da Comunidade Emanuel, que ficava próxima ao Santuário. Ele amava que cantássemos o *Angelus* e rezássemos o terço contemplando Jesus por meio do coração imaculado de sua mãe: "ó, Maria, eu compreendo teu coração e o do teu filho. É maravilhosa a encarnação de um Deus que tem uma mãe" (M27).

Pierre era profundamente tocado pela humildade de Maria que, em total disponibilidade ao Espírito Santo, submeteu-se livremente à vontade de Deus (cf. Lc 1,37-38): "Maria é muito importante para nós, pois ela é um modelo de humildade, de pureza e de humildade" (E046). Ele pedia à Virgem para guiá-lo nesse caminho: "Maria ensina-me a humildade. Tu és o triunfo da humildade. Como podemos chegar a Jesus sem a humildade?" (M27).

Mãe de Deus, Maria torna-se Mãe de todos os homens e mãe da Igreja aos pés da Cruz, acolhendo o discípulo amado como seu filho (cf. Jo 19,26). Ela gerou a Igreja que nasceu do coração transpassado de Jesus, quando seu coração de mãe estava esmagado de dor e cumpria a profecia de Simeão: "uma espada te transpassará a alma!" (Lc 2,35). Em sua dor, Maria realizou sua mais alta vocação de Mãe que se compadece com seu Filho sofredor: "é um Mistério de maternidade. Verdadeiramente Maria nos gerou no sofrimento" (E058).

Como uma mãe, Maria consola e alivia seus filhos, recolhendo suas lágrimas: "Maria nos carrega sem cessar. Todos os sofrimentos, ela os conhece. Ela quer nos fortificar, consolar-nos e ajudar-nos" (T6). Maria, que é o socorro dos pecadores, a consoladora dos aflitos, ensina-nos a compaixão:

> é importante pedir a Maria que, aos pés da cruz do Senhor, sofreu e compadeceu-se com ele, para que ela nos ensine a nos compadecermos. Esta compaixão, nós a exercemos para a santificação, para a conversão das almas (E058).

Maria, Mãe do Emanuel, vela sobre todos os seus filhos, com um cuidado particular sobre a comunidade que leva este nome: "isso é muito importante, ter uma mãe. Maria é a mãe do Emanuel" (E011). Elevada à glória do céu, a Virgem Maria acompanha e protege a Igreja em seu amor materno: "Maria é verdadeiramente a guardiã da Comunidade. Ela é nosso manto, com ela nós estamos protegidos" (E031). "Terrível como um exército em ordem de batalha" (Ct 6,10), Maria saiu vitoriosa do combate contra o Dragão (cf. Ap 12,1-17). Ela é nossa fortaleza mais segura no combate espiritual: "se o demônio quer nos atacar, há apenas um remédio, ele é Maria" (E074).

Pierre Goursat sabia que evangelizar suscitaria oposições e perseguições: "nós conhecemos o combate espiritual, porque Satã vem contra nós, mas Maria nos protegerá" (E029). Quando a Comunidade era confrontada com contradições, Pierre reunia seus irmãos para invocar Maria e os convidava a rezar na Igreja Nossa Senhora das Vitórias: "nós estamos certos de sermos vencedores por Maria. Se nos apoiamos assim sobre Maria, não temos nada a temer. Nós sabemos que temos o Senhor conosco e que Maria está ao nosso lado para nos proteger" (E044).

Por seu *Fiat*, que exprime a oferenda de todo o seu ser, a Virgem Maria é o modelo da *obediência da fé*. Ora, nós não podemos obedecer (*ob-audire*) a Deus a não ser que tenhamos um tempo para escutá-lo (*audire*). Para seguir o exemplo de Maria, Pierre procurava acolher a Palavra de Deus e colocá-la em prática; ele a meditava em seu coração (cf. Lc 2,19) para compreender aquilo que o Senhor esperava dele.

Consciente de sua pobreza, Pierre sempre se considerava um humilde servidor, fazendo a Vontade de Deus passar à frente de seus projetos pessoais. Pierre Goursat entregava cada dia de sua vida a Deus rezando, com seus irmãos e irmãs de comunidade, a consagração a Maria de Luis Maria Grignion de Montfort. Meditando nesta oração, peçamos a Maria, nossa Mãe, para apresentar a seu Filho nossa determinação de amá-lo e servi-lo:

"Nós te escolhemos hoje, ó Maria,
Em presença de toda corte celestial,
por nossa Mãe e Rainha.
Nós te entregamos e consagramos,
Com toda submissão e amor,
nossos corpos e nossas almas,
nossos bens interiores e exteriores,
e ainda o valor das nossas boas ações
passadas, presentes e futuras,

deixando-te o inteiro
e pleno direito de dispor de nós,
e de tudo que nos pertence,
sem exceção de coisa alguma,
segundo a tua vontade,
para maior glória de Deus,
no tempo e na eternidade,
Amém".

ORAÇÃO PELA BEATIFICAÇÃO DO SERVIDOR DE DEUS PIERRE GOURSAT

Senhor Jesus, nós te pedimos a beatificação de Pierre Goursat.

Animado de um vivo desejo da salvação das almas e de um grande amor pela tua Igreja, ele trabalhou com fé e esperança pela sua renovação espiritual e apostólica.

Por sua intercessão, obtém-nos, Senhor, a graça de confiarmos plenamente em ti, de te servir com generosidade e de fazer a tua vontade.

Dá-nos um coração aberto à adoração, transbordante de compaixão para com todos os homens, e abrasa-nos do fogo do teu amor para a evangelização do mundo.

Por intercessão do Servo de Deus Pierre Goursat, nós te pedimos confiadamente, Senhor, que concedas abundantes graças a todos os homens e mulheres, nossos irmãos, e especialmente que socorras os pobres e os "feridos da vida", que consoles os aflitos, que fortaleças os fracos, que cures os doentes.

Nós te confiamos em particular

Senhor Jesus, nós te pedimos que reveles a todos os que estão afastados de ti, ou que ainda não te conhecem, o amor infinito do teu Coração, manso e humilde.

REFERÊNCIAS DOS TEXTOS CITADOS

Fontes: as citações de Pierre Goursat (ou relativas a ele) provêm do arquivo da Comunidade Emanuel em Chezelles (Indre-et-Loire[23]).

Artigos da Revista «Il est Vivant» (Ele está vivo)

IEV5   Editorial n. 5, dezembro de 1975.

IEV6-7 Editorial n. 6-7, fevereiro – maio de 1976.

IEV19 *O exercício da caridade*, n. 19, julho de 1978.

IEV28 A Renovação e a experiência secular da Igreja, n. 28, maio de 1980.

---

[23] N.T.: Chezelle fica no departamento francês chamado Indre-et Loire, localizado na região Central da França, cuja capital é Tours.

Palestras e entrevistas

E002   Encontro em Vézelay[24], julho de 1974.

E006   Sessão de Paray-le-Monial[25], 16 julho de 1975.

E008   Sessão de Paray-le-Monial, 23 de julho de 1975.

E009   Final de Semana Comunitário da Comunidade Emanuel, 25 e 26 de outubro de 1975.

E011   Jornada de Inter Assembleia, 13 de março de 1976.

E012   Reunião de 23 de maio de 1976.

E014   Sessão de Paray-le-Monial, 17 a 22 de julho de 1976.

E016   Retiro de três semanas, 15 de setembro de 1976.

---

[24] N.T.: Vézelay é uma comuna francesa da região administrativa de Borgonha. Em Vézelaz, há uma Basílica bem conhecida entre os católicos franceses por ser dedicada a Santa Maria Madalena.

[25] N.T.: Paray-le-Monial está na região administrativa da Borgonha, no departamento Saône-et-Loire. Trata-se da Cidade onde Jesus manifestou seu Sagrado Coração a Santa Margarida Maria Alacoque e onde há alguns anos a Comunidade organiza grandes sessões durante o verão europeu.

E017 Final de Semana Comunitário da Comunidade Emanuel, 27 e 28 de novembro de 1976.

E020 Conversas com Pierre Goursat, 1976.

E022 Encontro de Pentecostes em Lyon[26], 28 a 30 de maio de 1977.

E023 Final de Semana dos primeiros compromissos, 18 e 19 de junho de 1977.

E024 Encontro da Fraternidade de Jesus, 25 de junho de 1977.

E025 Sessão de Paray-le-Monial, 9 a 14 de julho de 1977.

E026 Sessão de Paray-le-Monial, 16 a 21 de julho de 1977.

E027 Retiro da Fraternidade de Jesus, 30 de dezembro de 1977.

E029 Retiro da Fraternidade de Jesus, Páscoa de 1978.

E031 Retiro da Fraternidade de Jesus, agosto de 1978.

---

[26] N.T.: Trata-se de uma das maiores cidades francesas, capital da região Ródano-Alpes e do departamento de Ródano.

E034 Final de Semana comunitário, 01 de abril de 1979.

E035 Final de Semana comunitário, 12 de maio de 1979.

E036 Final de Semana comunitário, primavera de 1979.

E037 Sessão em Paray-le-Monial, 05 e 6 de julho de 1979.

E041 Final de Semana comunitário, 22 de setembro de 1979.

E043 Retiro da Fraternidade de Jesus, 31 de dezembro de 1979.

E044 Final de Semana comunitário, 15 de março de 1980.

E046 Final de Semana comunitário, 14 e 15 de junho de 1980.

E050 Retiro da Fraternidade de Jesus, dezembro de 1980.

E051 Final de Semana comunitário, 25 de fevereiro de 1981.

E053 Final de Semana comunitário, 4 e 5 de abril de 1981.

E055 Final de Semana comunitário, 30 e 31 de maio de 1981.

E056 Final de Semana comunitário, 21 de junho de 1981.

E058 Final de Semana comunitário, 20 de setembro de 1981.

E059 Ciclo de Final de Semana para jovens, outubro de 1982 a janeiro de 1982.

E061 Retiro da Fraternidade de Jesus, Páscoa de 1982.

E062 Final de Semana comunitário, 17 de abril de 1982.

E068 Retiro da Fraternidade de Jesus, verão de 1983.

E074 Final de Semana comunitário, 24 e 25 de novembro de 1984.

E076 Encontro de Consagradas, 2 de dezembro de 1985.

E078 Final de Semana comunitário, próximo a Barcelona, 29 de maio de 1988.

E080 Final de Semana comunitário na Alemanha, 20 de setembro de 1987.

E081 Final de Semana comunitário nos Países Baixos, dezembro de 1988.

E082 Final de Semana comunitário em Touraine[27], 19 de novembro de 1988.

Cartas

L007 Carta a uma jovem moça, agosto de 1972.

L008 Esboço de uma carta a um padre, 1972.

Notas manuscritas

M02 Notas preparatórias de um ensino, fim de 1971.

M21 Notas preparatórias de um ensino, 24 de junho de 1980.

M22 Noras preparatórias de um ensino, verão de 1980.

M27 Oração, em torno de 1973.

---

[27] N.T.: trata-se de uma província francesa, cuja capital é Tours.

Testemunhos pessoais

T1   Testemunho de 28 de abril e 5 de maio de 1977.

T2   Testemunho de julho de 1986.

T6   Testemunho de maio e agosto de 1988.

Testemunhos sobre Pierre Goursat

K135   Testemunho de Brigitte Le Pichon.

24W47 Testemunho do Padre Alphonse Gilbert, cssp.

ÍNDICE

Prefácio 5

Pierre Goursat 9

   Sua conversão aos 19 anos (1933) 10

   A experiência da efusão
   do Espírito Santo (1972) 14

   Os últimos anos
   de sua vida (1985-1991) 20

1. Buscar a humildade 23

2. Aceitar nossa pobreza 30

3. Abrir-se ao Espírito Santo 37

4. Rezar para viver
em união com Deus 44

5. Contemplar o Emanuel,
Deus Conosco 51

6. Adorar para arder de amor 58

7. Exercer a compaixão
e acolher os pobres 66

8. Desejar a salvação das almas 73

9. Evangelizar no fogo
de Pentecostes 81

10. Amar e servir a Igreja 88

11. Edificar a comunidade
    pela caridade 95

12. Combater com as armas da fé 102

13. Redescobrir a alegria
    de ser cristão 108

14. Colocar-se na escola
    do Coração de Jesus 115

15. Confiar-se a Maria,
    nossa Mãe 123

Oração pela beatificação
do servidor de Deus Pierre Goursat 131

Referências dos textos citados 133